Feuerwerk der Tränen

MARGARET KOPSCH

Feuerwerk der Tränen

Wie Kinder den Krieg erlebten

Bibliografische Information der Deutschen Nationalbibliothek:
Die Deutsche Nationalbibliothek verzeichnet diese Publikation
in der Deutschen Nationalbibliografie; detaillierte bibliografische
Daten sind im Internet über https://portal.dnb.de/ abrufbar.

© 2021 Margaret Kopsch
Satz, Umschlaggestaltung, Herstellung und Verlag:
BoD – Books on Demand, Norderstedt

ISBN: 978-3-7526-5407-3

Den Kindern geschieht viel Unrecht. Ist das nicht schon Unrecht, dass man sie für glücklich hält?

Und sie sind es so wenig wie wir, sie haben in ihren Kinderseelen alle Affekte: eine Sehnsucht, die sie mit Täuschungen, eine Eitelkeit, die sie mit Kränkungen, eine Phantasie, die sie mit Wauwaubildern quält, und dabei haben sie nicht die Stütze der Vernunft, die uns wenigstens zu Gebote steht, wenn wir sie auch nicht gebrauchen. Wir finden ihre Leiden klein, ohne zu bedenken, wie kleinlich wir oft in unserem Leiden sind.

J. Nestroy 1801–1862

Herzlichen Glückwunsch zur Vermählung

am 24. Februar 1935

von Familie Tasch u. Loh

Brautkind!

Wo du hingehst, da will ich auch hingehen, wo du bleibst, da bleibe ich auch. Dein Volk ist mein Volk und dein Gott ist mein Gott. Wo du stirbst, da sterbe ich auch, da will ich auch begraben sein.

Wo du mich wandelst, da wandle ich auch,
da folg' ich und bin ab gestieden;
vom ersten Kuß bis zum letzten Hauch
wir werden uns nimmer scheiden;
wir pilgern Ja vor dem Traualtar
bis zum bittern Ade an der Totenbahr'
wir bleiben zusammen hienieden.

Wo du mir weilst, da weile ich mit,
da bleib' ich und suche ich stets weiter;
vom ersten Schritt bis zum letzten Tritt
dir schatten, dein Schutz und Begleiter;
so ist bei ich und gleich und ein und lauter,
wenn wird uns zur Welt mein friedliches Haus,
wo scheinen die Sonne so heiter.

Dein Volk mein Volk; o führe die Braut
den würdigen Eltern entgegen,
den Segen der Liebe, der Häuser bunt,
auch sanft und gütig zu legen.
Mein törichtes Kind ist so fremd in der Welt,
die du mein Hut, mein Käufer, mein Held
auf des Lebens verschlungenen Wegen.

Dein Gott mein Gott; begleite mich du,
o fromm u Seele, zur Himmel;
vom stürmischen Pflicht, o bei ich zur Ruh'
die Tat Welt verwirrenen Getümmel!

BRAUTLIED

Gedicht von Karl Gerok

Ruth 1, Vers 16, 17

Wo du hingehst, da will auch ich hingehen,
wo du bleibst, da bleibe ich auch.
Dein Volk ist mein Volk
und dein Gott ist mein Gott.
Wo du stirbst, da sterbe ich auch,
da will ich auch begraben sein.

Sie:
Wo du nun wandelst,
da wandle ich auch.
Da folg ich und bin es zufrieden,
vom ersten Kuss bis zum letzten Hauch –
nun werden wir nimmer geschieden;
Vom seligen Ja vor dem Traualtar
bis zum bitteren Ade an der Totenbahr –
wir bleiben zusammen hienieden.

Er:
Wo du nun weilest, da weile ich mit,
da bleib ich und suche nichts weiter;
vom ersten Schritt bis zum letzten Tritt
dein Schatten, dein Schutz dein Begleiter.
Einst lief ich ums Glück landein und landaus,
nun wird mir die Welt mein friedliches Haus,
wo schiene die Sonne so heiter?

Sie:
Dein Volk mein Volk; o führe die Braut
den würdigen Eltern entgegen.
Den Segen der Liebe, der Häuser baut,

aufs Haupt uns gütig zu legen;
dein törichtes Kind ist so fremd in der Welt,
sei du mein Stab, mein Führer, mein Held
auf des Lebens verschlungenen Pfaden.

Er:
Dein Gott mein Gott, geleite mich du,
o fromme Seele, gen Himmel.
Den stürmischen Geist, o bett ihn zur Ruh
in der Welt verworrenem Getümmel;
mein Segensengel, mein Friedenstern
zur Hut mir gesetzt von Gott, dem Herrn
im sündigen Menschengewimmel

Sie:
Dein Glück, mein Glück,
und was will ich denn mehr
als für dich, du Einziger, leben.
O dass ich ein Engel, ein Heiliger wär,
wie wollt ich dich schützend umschweben,
dir segnend mit Rosen die Pfade bestreun,
die stechenden Dornen, den hemmenden Stein
so treu aus dem Wege dir heben!

Er:
Dein Leid mein Leid, mein bist du im Schmerz
wie mein in fröhlichen Tagen.
Komm neige dein Köpfchen getrost an mein Herz
mir den kleinsten Kummer zu klagen.
Geteilte Freud ist ja doppelte Freud,
geteiltes Leid ist ja halbes Leid,
und die Liebe, sie wächst im Tragen.

Sie:
Dein Grab mein Grab; wo man dich begräbt,
da legt man auch mich in die Erden;
gehst du mir von hinnen, so hab ich gelebt,

kann fröhlich nimmermehr werden.
Ein Hügel decke uns beide zu.
Beim Staube der Staub – o trauliche Ruh'
nach des Lebens Lust und Beschwerden.

Er:
Dein Himmel mein Himmel; wohl reißen sie einst
mit Schmerzen, die irdischen Bande;
doch wenn du an meinem Hügel nun weinst,
blick auf in die himmlischen Lande.
Die Gott vermählte, die scheidet kein Tod.
Sie schweben ins ewige Morgenrot
im himmlischen Hochzeitsgewande.
Nun Vater, der du die Liebe bist,
erhöre der Liebenden Bitte;
du König der Herzen, Herr Jesu Christ,
sei du im Bunde der Dritte;
O Geist des Friedens, so rein und so zart,
komm auf uns nieder in Taubenart.

02.08.1934

Margaret (Nana), 8 Jahre

Großvater war ein Gesundheitsapostel. Abhärtung war sein oberstes Gebot. Wenn der erste Schnee gefallen war und den Garten zart und weiß zugedeckt hatte, war Schneelaufen angesagt.

Die halbe Nacht hatte es gebraucht, die Betten anzuwärmen. Die Matratzen, hart, unbequem und in der Mitte durchgelegen, schwere Bettdecken, die wie Zentnerlasten über uns lagen, machten das Einschlafen nicht besonders leicht. Doch auch das Aufstehen bereitete uns Schwierigkeiten. Jetzt war es warm im Bett. Überall verstreut lagen unsere Sachen im kalten ungeheizten Zimmer. Es kostete Überwindung, die Beine aus dem Bett zu strecken, über den kalten Boden zu huschen, Hemd, Hose, Strümpfe einzusammeln und alles im Bett anzuwärmen. Erschien jedoch Großvater im Schlafzimmer, war es mit der Wärme vorbei. Barfuß und im Nachthemd ging es in den Garten. Im Gänsemarsch stapften wir durch den Neuschnee, freuten uns an unseren Fußabdrücken und vergaßen für einen Moment die beißende Kälte. Großvater freute sich über seine Maßnahme. Denn so wollte er verhindern, dass uns Erkältungen und Frostbeulen quälten. Was konnte es Schöneres geben, als anschließend noch einmal in das warme Bett zu schlüpfen und uns von unserer Großmutter mit in Milchkaffee eingeweichtem Brot, mit etwas Zucker bestreut, verwöhnen zu lassen. Zugedeckt bis zur Nasenspitze bestaunten wir anschließend die Eisblumen am Fenster, gemalt von frostiger Hand. Unserer Fantasie war keine Grenze gesetzt, alle möglichen Formen darin zu sehen.

Immer wieder erkannte ich einen Vogel und wünschte mir, er möge sich vom Fenster lösen und zu unserem Vater nach Russland fliegen, um ihm zu sagen, dass es uns gut gehe.

Und nun konnten wir uns über den Schnee freuen, denn er war ein untrügliches Zeichen, dass Weihnachten nahte. Besonders genossen wir die Abende, an denen unsere Mutter am Bett saß. Liebevoll streichelte sie uns mit ihren verarbeiteten aufgesprungenen Händen, sang mit uns »Leise rieselt der Schnee« und musste sich immer wieder die Frage anhören: »Wann kommt Papa aus dem Krieg nach Hause?«

Doch heute war ihr Blick traurig und verzagt, als sie sagte, dass wir dieses Weihnachten ohne unseren Vater verbringen müssten. Mit einem

»Gute Nacht, meine Lieblinge« drehte sie sich hastig um und eilte aus dem Zimmer. Sicherlich musste sie weinen, und wir sollten es nicht sehen.

Am nächsten Morgen zog ein wunderbarer Duft durch das Haus. Es roch nach Plätzchen. Unsere Mutter hatte nachts noch gebacken. Ein Weihnachtspäckchen sollte heute auf die Reise zu unserem Vater nach Russland geschickt werden. Aufgeregt saßen wir um den runden Tisch herum. In der Mitte stand Großvaters Briefwaage. Auf dem Tisch verteilt lagen Pergamentpapier, Schere, ein rohes Eiweiß in einer kleinen Schüssel, Plätzchen, Zigaretten und vor uns Papier und Buntstifte.

Tüten aus Butterbrotpapier wurden hergestellt und an den Rändern mit Eiweiß zugeklebt. Da hinein kamen Zigaretten oder Plätzchen. Hin und wieder durften wir eins probieren. Immer wieder wurde gewogen, denn es war nur ein bestimmtes Gewicht für ein Päckchen erlaubt.

Mit hochroten Wangen versuchte ich ein besonders schönes Bild zu malen. Immer wieder schielte ich zu meiner älteren Schwester, bei ihr kam das künstlerische Talent schon früh zutage. Und sie konnte sogar schon »mein lieber Papa« schreiben. Mein Tannenbaum sah eher aus wie eine Vogelscheuche, aber Sonne, Mond und Sterne konnte man einigermaßen erkennen.

Abends im Bett nahm ich meinen Zipfelmann in den Arm. Zipfelmann war eine Ecke der Bettdecke, die ich mit Federn gefüllt und dann einmal herumgedreht hatte. Ihm konnte ich alles anvertrauen, was mich bedrückte. Er hörte geduldig zu, auch meinen Gebeten. Heute Abend betete ich: »Lieber Gott, mach mich fromm, dass ich zu meinem Papa nach Russland komm.«

Ein großer Wunsch von mir war, Soldat zu werden, um Vater im Krieg Gesellschaft leisten zu können.

FPNR. 02821 D

Heute schreibe ich Dir aus einer russischen Bauernstube. Wir sind gestern für 14 Tage in Ruhestellung gekommen. Es war ein Marsch in grausamer Kälte. Mit dem Handschlitten kamen wir im Schnee nur 2 ½ km die Stunde vorwärts, und 12 km waren es.

Als wir endlich ankamen, auch die Zähsten hatten »die Schnauze voll«, fanden wir eine leere Stube, in der sich für die kommenden Tage 22 Mann ausruhen sollten. Die Stimmung war äußerst bedenklich. Und hier zeigte sich wieder mal, daß ein Teil der Frontsoldaten nicht umzubringen ist.

Gerade diejenigen, die sich geschworen hatten, keinen Schlag mehr zu tun, nichts mehr zu bauen oder vorzusorgen, waren heute morgen schon wieder unterwegs, organisierten, sägten und hämmerten, nagelten und hatten endlich Sitz- und Schlafgelegenheiten geschaffen, so daß wir uns heute abend geradezu gemütlich fühlten. Der riesige Lehmofen in der Ecke, der ein Fünftel der Stube ausfüllt, strahlt stundenlang eine prächtige Wärme aus.

Der Betrieb hier in der Stube ist sehr lebhaft, daß das Schreiben sehr schwer ist. Die Kerle sind beim Läusefangen und machen dabei Bemerkungen, daß man die Gedanken nicht zusammenhalten kann.

FPNR. 02821 D

Rußland, 24. 1. 1941

In der Ruhestellung kommen wir zu keiner ruhigen Stunde zum Schreiben. Waffen, Gerät, Bekleidung, Lederzeug, alles war in den Gräben verschmutzt. Nun muß es gereinigt werden und auf weitere Brauchbarkeit untersucht werden. Das ist ein Gewienere und ein Mordstrubel. Ein besonderer Genuß ist das Waschen. Wir haben 2 Eimer, die werden in den Backofen geschoben und dann stehen 2 nackte Männer in der Bude und schrubben sich ab.

Wie lange das dauert, bis wir durch sind, kannst Du Dir denken. Hier gibt es zwar Sauna und Dampfbäder: Hütten, in denen Wasser verdampft wird. Aber das Anziehen muß in einem nicht beheizbaren Raum geschehen, und das halten wir bei unseren Temperaturen zwischen –30 und –40 Grad (es geht wieder auf Vollmond zu) nicht aus. Wir sind bisher über das Pferd gekommen, da werden wir auch noch über den Schwanz kommen. Der Januar ist bald zu Ende, der Februar hat nur 28 Tage, und zum März werden die Tage länger, und wärmer wird's auch werden.

FPNR. 02821 D

Gestern haben wir hier ein Wunschkonzert in unserer Bude veranstaltet. Wir haben beim Nachersatz für die Kompanie einen neuen Uffz. bekommen, der ein großer Musikant auf dem Schifferklavier und ein 2. Hans Moser ist. Wir wollten für ein bißchen Stimmung sorgen und borgten ihn uns bei einem anderen Zug aus. Und dann kam einer auf den Gedanken: Wunschkonzert. Wer ein Lied vorschlug, mußte eine Summe bezahlen, viele schlossen sich an und so brachte »Lilli Marlen« 25.– RM. »Zanuwitsch«, »Heimatlied«, »Friesenlied« (wo die Nordseewellen spülen an den Strand) wurden mit einer Liebe gesungen, die denen galt, die zu Hause sind. Die andächtigen Augen bei diesen Liedern waren erstaunlich. Dann gab's noch was zu trinken, es wurde die »Reblaus« gesungen, und es wurde der Graben und die Kälte draußen (–40 Grad) vergessen. Heute abend kommen 4 Mann von der Reg. Musik, da wird's wieder ganz munter werden. Du siehst also, daß es uns gut geht. Und so wird's noch eine ganze Reihe von Tagen weitergehen. Ich freue mich darüber für unsere Männer, die in der Stellung Posten stehen müssen. Wir haben zwar Pelzmäntel und Filzstiefel für die Posten, auch Pelzmützen, aber eine Stunde auf einem Platz stehen und beobachten, das ist eine Leistung. Ich selbst bin lieber vorn. Das enge Beieinander und Durcheinander hier, das Fehlen einer Stunde, in der man mit sich, in der ich mit Dir ungestörte Zwiesprache halten könnte, quält mich ab und an. Doch du wirst glücklich sein, daß ich eine Zeit in einer friedlichen Umgebung lebe, und nimmst dann sicher die Briefschreiberei in Kauf, die hier der Trubel diktiert. Das Licht ist so schlecht, daß ich das Geschriebene kaum lesen kann.

FPNR. 02821 D

Dieser Brief kommt aus einem Unterstand: 2 m breit, 2 m lang und 1.40 m hoch. In der einen Wand ist ein Feuerloch. Was wir mit einem Spaten, Seitengewehr und einer kümmerlichen Säge von den Birken in unserer Umgebung absäbeln können, qualmt in diesem Loch. Sobald es flackert, schreibe ich eine Zeile. Am 8. 11. abends wurden wir ausgeladen. Die Nacht verbrachte das Bataillon in einem Güterschuppen, zusammen mit den Pferden, die während der Nacht neu beschlagen wurden. Dann kam der 9. November mit einem Marsch von 40 Kilometern über vereiste Landstraßen.

Bei jeder Höhe, bei jedem Buckel mußten wir an die Fahrzeuge, entweder lag ein Gefechtswagen im Straßengraben, oder aber die Gäule konnten nicht mehr. Wir schwitzten und froren und kamen in der Stunde nicht über 3 km. Wir schrien »Hauruck« und fluchten, die Dunkelheit brach herein, und noch immer waren wir nicht am Ziel. Aus den Wäldern hörte man Schüsse von den Partisanen, am Wegrand lagen verendete Pferde, die vierspännigen Planwagen hoben sich dunkel vom Abendhimmel ab. Bilder aus dem 30j. Krieg.

Am 10. 11. wurden wir mit Lastwagen an die vorderste Front geschafft. Die letzten 7 km mußten wir bei Dunkelheit laufen und die gesamte Munition für MG und Granatwerfer schleppen. Obwohl wir zwei Handschlitten organisierten, sind wir fast zusammengebrochen.

Das Krachen, das Pfeifen der Schüsse störte uns überhaupt nicht. In der Stellung wurden wir von dunklen, flüsternden Gestalten empfangen, wir warfen unseren Ballast in die Unterstände und begannen uns für den Feind zu interessieren, den wir 100 m vor uns lachen und schwätzen hörten. Allstündlich lösten wir uns in der Wache ab.

Es ist mondhell, doch ab und an, wenn man ein besonderes Geräusch hört, wird eine Leuchtpatrone in die Luft gejagt. Immer wieder bellt unser MG. Heute hört man ununterbrochen das Dröhnen der Geschütze um Leningrad. Über uns brummen kleine Koffer von hüben und drüben.

Über Wald und zerfetzte Hügel, über Schnee und Dreck leuchtet die Sonne auf dem Weg nach Deutschland zu Dir und zu den Kindern.

FPNR. 02821 D

Heute schreibe ich aus einem besser ausgebauten Unterstand, er hat eine Holztür und ein Stück Fensterglas. Gestern habe ich bei einem Spähtrupp mitgemacht. Mit einem Sack Handgranaten, einer Leucht- und Maschinenpistole, das Hemd über der Uniform sind wir losgestürmt. Es ist alles gutgegangen. Ich habe ein paar kleine Splitter abgekriegt, die direkt unter der Haut sitzengeblieben sind. Ich bin weiter dienstfähig, habe aber eine etwas ruhigere Stellung. Sei nicht besorgt, sondern zufrieden mit Deinem Mann.

FPNR. O2821 D

Wir haben schwere Tage hinter uns. Zwei Tage und zwei Nächte haben wir angegriffen, um einen Kessel aufzuspalten. Kurz nach Mitternacht verließen wir die Stellungen, um schwer bepackt mit Munition und Gerät 10 km weit in den Bereitstellungsraum zu rücken. Immer wieder waren die vereisten Wege von fahrenden Kolonnen versperrt. Wir wurden vom Frost bei jedem Halt geschüttelt und gebeutelt. Flüche, Knirschen von Schnee, das Schnauben der Pferde, dumpfe Abschüsse der hinten liegenden Artillerie, Geräusche in der sternklaren Nacht.

Die Feldküche, die wir in der ganzen Woche nur 2mal gesehen hatten, kam noch mal heran und gab Kaffee aus. Als der Morgen heraufkam, waren wir in der Ausgangsstellung. Das Artilleriefeuer wurde stärker. Über unsere Deckungen zischten die russischen MG-Schüsse.

Dann wurde der Angriff um einige Stunden verschoben, es wurde wieder marschiert. Für ein paar Nachtstunden wurde die alte Stellung – in die die Russen merkwürdigerweise nicht nachgestoßen waren – erneut bezogen und gesichert. Dann wurde wieder marschiert, die fdl. Granaten schlugen links und rechts ein, Schrapnells dazu. Im Morgengrauen ging unser Artilleriefeuer los. Im Gelände vor uns wühlten die Granaten, die Erde spritzte wie beim Muskochen. Dann gingen wir vor, meine Kompanie im Waldgelände. Vor einer Bunkerlinie gab es rasendes Abwehrfeuer. Die Russen haben Explosionsmunition, die beim Auftreffen auf Zweige, Erde oder Menschen detoniert. Man hatte daher den Eindruck, daß der Russe von vorn und hinten knallte. Ich lag Stunden vor einem Bunker, aber mit MG und Handgranaten war nichts zu machen. Flammenwerfer und Sturmgeschütze hatten wir nicht. Wir haben dann eine Nacht in Schneelöchern unter donnerndem Beschuß verbracht. Feind von allen Seiten. Wir hatten den Eindruck, daß wir aus dieser Lage nicht mehr heil herauskommen würden. Am folgenden Morgen erhielten wir aber Verstärkung. Die Augen der Kameraden, die aus tiefen Höhlen in gelben stoppeligen Gesichtern in die eigenen Augen blickten, werde ich nie vergessen.

Stiefel, Uniformen u. Mäntel waren gefrorene Bretter. Mancher hat diesen Morgen nicht wiedergesehen, viele waren auf dem Verbands-platz. Ich hatte wieder Glück, ein Streifschuß am linken Oberarm, der mich nicht beeinträchtigt. Was der Soldat an Grauenvollem, an schein-bar Unerträglichem ausgehalten hat, das habe ich mitgemacht, doch auch das Größere habe ich erlebt: Menschen, die das alles überwinden.

Als wir gestern endlich unsere Verpflegung fassen konnten – sie war gut, reichlich –, bekamen wir auch die erste Post, ich erhielt 2 Päckchen von Dir, einen Kuchen und 1 Wurst. Die Wurst habe ich mit den Kame-raden gleich aufgegessen. Den Kuchen esse ich Stück für Stück in Gedan-ken an Dich. Vielleicht kommt der Brief erst Weihnachten an. Tu alles, damit die Kinder froh sind, und sei auch nicht traurig.

FPNR. 02821 D

Rußland, 24. 11. 41

Jetzt haben wir ruhigere Tage, wir liegen hier in unseren Löchern, die Russen in ihren. Ab und zu wird geballert, entweder weil die Gegenseite verdächtig still ist oder wenn man Geräusche beim Verpflegungsfassen, Stellungsausbauen oder Feuerholzmachen hört. Artillerie und Granatwerfer krachen auch zwei-, dreimal am Tag ein paar Schuß zum Nachbarn hinüber. Unsere Artillerie hat dabei glücklicherweise den längeren Arm. Dafür haben die Russen ein scheußliches Gewehr, Explosion – Munition, automatische Mehrladegewehre und Waffen, bei denen man weder eine Rauch- noch Feuererscheinung feststellen kann. Bei dem ungezielten Feuer haben wir in der Stellung keine Ausfälle gehabt. Auch die Temperatur ist zur Zeit erträglich, etwa –8 bis –10 Grad. Schönheitspflege wird so verschwenderisch betrieben, daß wir uns fast jeden Tag einmal die Hände waschen und uns in der Woche einmal rasieren. Die Stiefel kommen allerdings nicht von den Füßen, und die Wäsche wird auch nicht gewechselt. Ein warmes Bad und ein weiß gedeckter Tisch wird als lasterhaft wollüstiger Wunschtraum empfunden. Ich habe nur noch 5 Papierbogen und Umschläge.

Heute brachte mir die Post wieder 2 Päckchen von Dir.

Den Adventskranz hänge ich nächsten Sonntag auf, die Plätzchen konnte ich nicht aufheben, noch nie haben mir Plätzchen so gut geschmeckt. Die Rosen trage ich als Talisman auf der linken Brust.

FPNR. 02821 D

Rußland, 27. 11. 41

Ich schicke Dir heute die EK Verleihungsurkunde. Ich bekam sie als zweiter vom Regiment während des Einsatzes im Osten. Am 16. 11. war dann der schwere Angriff, für den die Auszeichnungen am 21. 11. verliehen wurden. Um mich später richtig erinnern zu können, will ich den richtigen Hergang im »Kriegstagebuch« festhalten. Der 12. 11. und der 16. 11. waren auch die Tage meiner Verwundungen. Sie sind gut geheilt. Zwei Splitter, die mit Ichthiol herausgekommen sind, trage ich im Geldbeutel spazieren. Ichthiol- und Lebertransalbe sind das wichtigste Rüstzeug heute für den Sanitätsunteroffizier. Dazu kommt jetzt noch Frostheilsalbe. In der Nacht nach dem 16. 11., als wir mit Schneewasser in den Stiefeln nachts im Freien lagen, im Igel abwehrbereit für den Gegenstoß der Russen, todmüde nach 48 Stunden Marschierens, Wartens und Kämpfens, ohne Zigaretten, hungrig, mit vereisten Waffen, stark deprimiert, da haben sich manche Frostbeulen geholt. Bei mir ist es gutgegangen. Jetzt wo wir in den Unterständen sitzen, in denen die Findigen und Praktischen unter den Kameraden die Ofenbaukunst auf ungeahnte Höhe gebracht haben, ist es schön warm. Auch die Verpflegung klappt tadellos. Als besondere Zugabe zur warmen Suppe (Nudeln, Reis, Graupen, Linsen, Erbsen), zu Brot (pro Mann und Tag ein halbes), Fett und Wurst haben wir zweimal Schnaps, einmal Schokolade und Keks und verschiedene Drops bekommen. Dazu gibt es am Tag 7 russische Zigaretten. Da sie oft ausgehen, reichen sie fast so lange wie deutsche. Nun kannst Du Dir ungefähr vorstellen, wie es uns geht, brauchst Dir also keine Sorgen machen. Ab und an kommen Überläufer – mit Pelzstiefeln, Handschuhen und Mänteln gut ausstaffiert, weil sie zu wenig zu essen und nichts zu rauchen hätten. Hoffentlich bekomme ich heute Post von Dir, dann geht's mir tadellos. Ich habe nur noch drei Umschläge, hoffentlich wird mal was geliefert. Du schriebst mir, daß auch Ihr fast nichts bekommen könnt. Wie ist es mit Heften und Schreibmaschinenpapier, das kannst Du doch alles verwenden, auch Umschläge lassen sich zur Not selbst kleben. Wenn Du solche Schreibutensilien ergattern kannst, dann leg bitte dem nächsten Päckchen etwas bei.

FPNR. 02821 D

Rußland, 29. 11. 1941

Heute sitze ich wieder mal in einem anderen Unterstand, wir ziehen alle paar Tage mal um, bald nach rechts, bald nach links. Da sich diese Umzüge nachts vollziehen, sind sie besonders beliebt. Vollbepackt mit Waffen, Munition, Decken, Schanzzeug und dem ganzen Hausrat, den sich die Gruppe mühsam kilometerweit zusammengetragen hat (Töpfe, Öfen, Bänke, Türen, Sägen, Beile), klirrt, ächzt, stolpert und rutscht die Karawane los. Was sie in der neuen Stellung vorfindet, hebt die Stimmung keineswegs. Die Unterstände sind kalt, reichen nicht aus, Feuerholz ist auch nicht da. Dazu ein Vorgelände, aus dem es knallt, das einem im Schein der Leuchtkugel auch nicht bekannter wird. Es gibt aber auch angenehme Überraschungen: so bekam ich heute den Befehl, morgen in aller Frühe mit meiner Gruppe 15 km rückwärts zu gehen, um neue Wäsche zu empfangen und eine Entlausungsanstalt zu besuchen. Das wird natürlich mit größter Begeisterung gemacht. So werden wir Weihnachten noch ein leidlich sauberes Hemd haben.

Unsere Post klappt augenblicklich nicht besonders, nur wenige Tropfen kommen auf die vielen heißen Steine. Ich habe auch eine Woche nichts mehr bekommen. Ich habe mich übrigens noch nicht für die Kinderbildchen bedankt. Wenn ich nachts zwischen den Postengängen am Feuer sitze, hole ich mir die Bilder aus der Tasche und freue mich immer wieder.

FPNR. 02821 D

Heute schreibe ich mal nicht nachts, sondern bei Tageslicht. In unserem neu erbauten Unterstand haben wir einige Glasscherben eingesetzt und nun haben wir von ½ neun bis 2 einen fürstlichen Dämmerschein in unserem Palast. Um 3 Uhr fängt auch draußen die Dämmerung schon an. Abendrot und heller Mondschein leuchteten gestern gleichzeitig. Der Vollmond hatte trotz der frostklaren Winternacht einen breiten Hof und um Mitternacht machte sich ein schneidender Nordost auf, trieb Schneewolken zusammen und warf die Flocken den Posten und Streifen ins Gesicht, daß sie mit verschlagenem Atem und tränenden Augen an ihrem Ausguck standen. Neuschnee und der zusammengefrorene Altschnee bilden eine Decke von etwa 25 cm, wahrscheinlich ist das erst der Anfang. Für unseren Morgenkaffee und den abendlichen Tee ist der Neuschnee eine gewaltige Verbesserung. Das Schmelzwasser war in den letzten Tagen eine gelbe Brühe, die zwischen den Zähnen knirschte. Gestern brachten die Männer meiner Gruppe Kartoffeln mit. Sie hatten die weit auseinander liegenden Häuser von Ubrichino und alle Bunker nach verwertbaren Gegenständen durchsucht. Heu für die Schlafstelle, eine Tür, Nägel, Feuerholz. Die Kartoffeln steckten noch in der Erde. Wir haben sie in das Feuer gelegt und als Feldhühner gegessen, prima! Die Russenhäuser sind aus massiven Stämmen, die längs übereinanderliegen, gebaut. So ein Dorf sieht – auch wegen der Weitläufigkeit – wie eine Kolonialsiedlung drüben aus. Von der Inneneinrichtung ist außer einigen Bettstellen, gemauerten Öfen (auf die sich der Hausvater obendrauf legt und mit den Beinen baumelt) und einigen Bildern nichts mehr da. Hier wird seit September gekämpft, alles, was der Soldat brauchen konnte, ist weggeschleppt.

Jetzt ist es wieder Abend geworden. Ein großer Postsack ist gekommen und darin 2 Briefe und 3 Päckchen (Wurst, Wolljacke u. Plätzchen) für mich. Der letzte Brief ist vom 24., die Verbindung ist z. Zt. also sehr gut. Du wirst inzwischen auch meine Briefe bekommen haben, die seit dem 13. in Abständen von etwa 3 Tagen abgegangen sind. Wenn die Post mal nur alle 5 oder 7 Tage kommt, mußt Du nicht besorgt werden. So werden auch wieder Zeiten kommen, in denen ich Dir jeden oder jeden 2. Tag schreiben kann.

FPNR. 02821 D

Rußland, 6. 12. 1941

Hoffentlich denkst Du nicht, es käme ein Weihnachtspäckchen. Ich könnte nur Schnee schicken, und den habt ihr ja sicher selbst. Den schönen warmen Pullover u. die Strümpfe habe ich gleich angezogen, und was ich auf dem Leib hatte, ist im Paket. Schick es bitte nicht zurück. Wir müssen hier beweglich bleiben. Wäschesack und Tornister sind hinten beim Troß, wir haben nur den Brotbeutel bei uns, der aber ist vollgestopft mit der Eisernen Ration, Wasch-, Putz-, Gewehrreinigungszeug u. Strümpfen. In die Drahtscherentasche kommen die Pantoffeln, in die Gasmaskenbüchse das Schreibzeug u. Zigaretten. Was wir noch zu essen haben, kommt in die Manteltaschen, sobald wir wieder die Stellung wechseln oder vorgehen. Was in die Taschen außer der Munition nicht hineingeht, wird zwischen die Zähne geschoben. Jetzt haben wir Handschlitten gebaut, damit wir uns beim Schleppen der Munitionskästen nicht die Hände erfrieren. Augenblicklich ist es ziemlich kalt geworden, es friert in der Nase. Wenn die Posten in den Unterstand geächzt kommen, dann heißt es auf die Frage, wie es war: »Es könnte wärmer sein« oder »Es ist frisch geworden«. Draußen, wenn man von einem Fuß auf den anderen trampelt, murmelt man allerdings wilde Sprüche vor sich hin.

Heute ist Nikolausabend, da gab es bei uns die ersten offiziellen Plätzchen, und ich habe einige Male den Nikolaus gespielt. Im nächsten Jahr werden wir sicherlich wieder zusammen vorbereiten, planen und uns an den Augen und Stimmen der Kinder freuen können. Das wird schöner als jedes bisherige Weihnachtsfest.

FPNR. 02821 D

Wenn meine Schätzung stimmt, wird dieser Brief zu Weihnachten in Deinen Händen sein.

Nun habe ich bereits in einem früheren Briefe – als die Postverbindung gerade erst hergestellt war, meine Weihnachtswünsche gesagt. Doch wenn Du so kurz vor dem Heiligen Abend noch einen Brief bekommst, der vielleicht das Glück hat, unterm Lichterbaum von Dir gelesen zu werden, das wäre auch noch ein Wunsch. Wir haben alle Weihnachten während des Krieges zusammen sein dürfen, ich habe hier Kameraden mit drei und vier Kindern, für die es das 3. Weihnachten fern von zuhause ist. So in meiner Gruppe der »Gunge«, ein Kartonarbeiter, der so schwerfällig und umständlich ist, daß er zum Erzählen einer kurzen Geschichte eine Stunde braucht, es im »Kreize« hat und – wenn er sich »auf die verkehrte Seite legt«, eine Katastrophe befürchtet. Er hat seinen Spitznamen von der Antwort, die er in Frankreich den Kameraden gab, warum er 5 Paar Filzschuhe Größe 30–34 gekauft hätte: »For mei Gunge« (Junge). Ich sah ihn jetzt verschiedentlich in einer wachfreien Stunde während der Nacht umständlich und angestrengt Briefe schreiben.

Er kann nicht schreiben, wenn andere um ihn sind und erzählen oder gar anzügliche Bemerkungen machen. Nachts kann er dann seinen Gedanken an die Frau und den Jungen ungestört nachgehen.

Ich glaube sicher, daß wir das nächste Weihnachtsfest wieder zusammen feiern können. Das wollen wir uns ausmalen, wollen um der Kinder willen froh sein, der Weihnachtsbotschaft unser Herz öffnen.

FPNR. 02821 D

Nachdem Du mich mit verschiedensten Briefformaten und -farben überrascht hast, will ich auch mal was Neues bringen. Es ist im wahrsten Sinne der »dernier cri«, hoffentlich schicken die Weihnachtsmänner in der Heimat statt bedrucktem Papier diesmal weißes mit Umschlägen.

Manchmal – wenn ich gerade mal eine Illustrierte mit Bildern von der Front gesehen habe – glaube ich jedoch, daß die gar nicht wissen, wo uns der Schuh drückt. Hollywood und wirkliches Leben! Wir haben unsere Sorgen und Nöte, die die Schreiberlinge nicht kennen, sie gehen auch keinen etwas an. Doch die Art, wie wir damit fertig werden, die sollen sie nicht so albern abwechselnd als Heldentat, Husarenstück oder Schusterjungenwitz darstellen. Was der Landser fühlt, denkt und sagt, ist immer dasselbe: »Alles ist Sch..., verflucht noch mal. Aber es wird gekämpft.« Oft könnte man sich gegenseitig in die Fresse schlagen, dann hilft man sich wieder mütterlich besorgt. Was den Landser am stärksten beschäftigt, ist das Essen, was ihn interessiert, ist der Heeresbericht, was ihn froh macht, ist die Post von der Frau oder dem Mädchen.

Wovon er sich unterhält, sind seine Wunsch- und Angstträume, die in Gestalt von Latrinen umgehen: »15 Mann bekommen Weihnachtsurlaub, die Russen haben ein Waffenstillstandsangebot gemacht, der Divisionsarzt hat sich gegen einen Angriff ausgesprochen, weil wir unsere Knochen erfrieren würden«. Die Frage, wie wir hier den Russen beikommen können, beschäftigt nur einige von uns Unteroffizieren. Doch damit genug von Front und Heimatfront. Das Papier ist bald zu Ende, und ich habe Dir nur etwas vom »Beruf« erzählt. Immer wieder habe ich das auf dem Herzen, daß ich Dir danke, daß Du so schön von den Kindern erzählst. Ich sehe und höre die Kerlchen und bin glücklich. Vor allem aber sehe ich Dich dabei, die Du mit ihnen spielst und betest, vom Papa erzählst, im Haus mit Weihnachtsvorbereitungen beschäftigt bist.

FPNR. 02821 D

Wir liegen wieder in den alten Wolfslöchern, in denen wir vor 4 Wochen hausten, diesmal zu 9 Mann in einem Loch von 2 x 1 ½ m. Daß wir allein aus räumlichen Gründen schon nur zu einem Nickerchen im Sitzen kommen, kannst Du Dir denken. Da wir mit Posten- und Streifendienst so viel zu tun haben, daß jeder jede 2. Stunde raus muß, können wir auch nicht bauen. Trotz allen Schimpfens und gegenseitiger Beteuerungen hätten die Männer sonst in den freien Stunden nochmals gewerkt und geschuftet, obwohl wir jedesmal wieder an eine andere Stelle kamen, sobald der Bunker zur Wohnung geworden war. Wir sehnen uns allmählich danach, daß wir mal 14 Tage in eine Ruhestellung kommen, was man uns auch in Aussicht gestellt hat. Immer aber findet sich eine Stunde, in der ich am Feuer meinen Gedanken nachhängen kann, und diese Gedanken suchen Dich und reden mit Dir und spielen mit den Kindern. So wird mir auch der unfestlichste 3. Advent zu einem Feiertag. Ich habe von dem Plätzchenpäckchen, das vorgestern ankam, noch etwas neben mir stehen, ein Becher mit Tee ist auch da, und es geht mir nun wie dem Wanderburschen vergangener Zeiten, der in weiter Ferne sein Tuch aufknüpft, um das Stück Brot in die Hand zu nehmen, das die Mutter ihm mitgab.

Gestern und heute kam keine Post, wir vertrösten uns auf morgen, dann wird für mich das Päckchen mit »varias cosas« kommen und hoffentlich auch der Brief, in dem Du schreibst, daß Du die Briefe von mir bekommst und nicht mehr eine Woche und länger vergeblich warten mußt.

FPNR. 02821 D

Wenn ich Dich gestern hier gehabt hätte, dann hätte ich mit Dir einen Freudentanz aufgeführt, und zwar, als Dein Päckchen »varias cosas« kam. Ich war maßlos verbittert, weil der Troß mit der Abendkost keine Zigaretten mit herausgeschickt hatte. Die 9 uns zustehenden reichen so schon nicht, erst recht nicht aber zu dieser Stellung, in der man nicht zum Schlafen kommt.

Mich hätte eine Kleinigkeit zur Explosion bringen können, da kam der Postsack mit den cositas laudisimas für mich. Du hattest es damit wirklich wunderbar getroffen. Ich habe mir gleich eine angesteckt, und Kamerad Hülsner, unsere Gruppen-Mutter, kochte zwei Eßgeschirre voll Kaffee. Hülsner, ein »Meier« (Maurer) aus Leipzig, ist ein Prachtkerl, das Kochen macht ihm Freude, zu Hause tat er das zusammen mit seiner Frau, er spült die Kochgeschirre, verteilt die Portionen, morgens in aller Frühe puddelt er schon darum, und alles neben dem übrigen Dienst. In den Kaffee haben wir dann Milch gegossen, jeder bekam zu seinem Becher ein Stück Würfelzucker und – da Hülsner auch ein Päckchen bekommen hatte – ein Stück Stollen. Das Leben erschien uns allen wieder in leuchtenden Farben, wir erzählten von zuhause und erfanden neue »Parolen«, z. B. Am 28. 12. kommen wir für einige Zeit heim ins Reich, wir werden motorisiert, »Schneeschuhe mit Außenbordmotor«. In mir hat's die ganze Nacht gesungen, beim Streifengehen, beim Hinüberstarren zu den jenseitigen Erdauswürfen, beim Kampf gegen die meterhohen Schneeverwehungen des Nordoststurms.

FPNR. 02821 D

Ich komme eben von der Grabenstreife herein. Nun kommt eine Stunde Telephonwache (sogar ein Telephon gibt's in dieser Höhle), da kann ich Dir am Feuer wieder ein bißchen erzählen. Es schnarcht und bläst um mich herum. 3 liegen lang, die anderen hocken an der Wand, beim Rauchen einer Zigarette oder mit einem Stück Brot vom Schlaf übermannt. Wenn man sie zum Postenablösen wachrüttelt, dann bekommt man merkwürdige schlaftrunkene Antworten: »Auf kommen Sie!« »Ja, wohin denn?« Oder: »Aber wir können die Wäsche doch gar nicht wechseln.«

Draußen ist die Nacht dunkel. Wir haben Neumond, daher weht der Ostwind wieder dünnen Schnee den Männern in die Augen, die den Ausguck auf der Ostseite unseres niederen schmalen Landrückens haben. Das Gelände fällt in der Richtung sanft ab, eine mehrere hundert Meter breite freie Fläche mit Unebenheiten und kleinen Büschen. Jenseits wächst niederer Kiefernwald, dahinter stehen hohe dunkle Tannen. Wenn die Sonne aufgeht, der Himmel über den nebelblauen Tannen aufleuchtet, dann zwitschern Meisen, Blutfinken und andere Buntröcke, eine bezaubernde Winterlandschaft. Nach Norden läuft der andere Landrücken in eine Nase aus, auf der sitzen wir beide, die Russen und wir, wenig Niemandsland zwischen uns, das nachts wieder und immer wieder durch Leuchtkugeln aus seiner drohenden Dunkelheit gerissen wird. Links liegt eine breite Mulde mit niederem Gehölz, Birken und Eschen, einzelne hohe Tannen. Im Frühjahr und im Herbst wird das ein See sein. Die Bäume sind jämmerlich zerfetzt, von MG-Garben durchkämmt, von Granaten zerzaust.

Drüben sitzen wieder Russen, weiter rückwärts unser Anschluß. Mit den feindlichen Nachbarn links haben wir ein stilles Übereinkommen, wonach wir uns in Frieden Feuerholz machen lassen. Das Tagesprogramm wird zeitweise von MGs, zeitweise von der Artillerie und Granatwerfern bestritten, etwa in der Art, wie die Hähne ihre Kampfrufe schmettern, das Nachtprogramm ist meist Angelegenheit der Infanteristen.

Damit hast Du einen weiteren Frontbericht. Jetzt müßtest Du erzählen, doch die Post ist schon 3 Tage nicht gekommen. Durch die Weihnachtspäckchen scheint der Betrieb verstopft zu sein. Du wirst wie die Kinder im Bett liegen. Es ist 3 Uhr nachts.

FPNR. 02821 D

Rußland, 22.12.1941

Nachdem die Post Dich so verständnislos behandelt hat, daß du anfangs Dezember meine Post vom 12.11. noch nicht hattest, läßt mich die Post nun auch warten Hoffentlich bekomme ich vor dem 24. noch etwas, mehr aber liegt mir am Herzen, daß Du meine Briefe regelmäßig bekommst. Ich kann in diesen Tagen nicht so viel schreiben. Die unglaubliche Enge im Unterstand und der wenige Schlaf spannen die Nerven zum Zerreißen. Seit gestern taut es, und von der Decke rinnt das Schmelzwasser, nirgends ist ein trockener Platz. Ende des Monats sollen wir abgelöst werden, wir sind schon zufrieden, wenn wir in eine Stellung kommen, wo wir mal ein paar Stunden die Stiefel und den Mantel ausziehen können. Was der Grabenkrieg an Tonarten überhaupt aufweisen kann, das lernen wir recht gründlich kennen. Obwohl ich einer der Ältesten bin, halte ich das besser aus als viele jüngere Kameraden. Daß mich das vor allem wegen der Weiterentwicklung unserer Kinder glücklich macht, das weißt Du allein. Und so wirst Du auch mit dem Schicksal nicht zürnen, das mir die Möglichkeit zur Bewährung in schwierigen Verhältnissen gibt.

Für mein Kriegstagebuch möchte ich den 21.12. festhalten. An diesem Tage sah ich bei dem Angriff eines Nachbarregimentes zum ersten Mal deutsche Panzer im Kampf, und gleichzeitig lernte ich die Wirkung deutscher Artillerie kennen.

Unsere drei Kleinen werden, es ist schon über Mitternacht der 23. geworden, schon ungeduldig auf Weihnachtsmann und Christkind warten. Du wirst mit dem letzten Backen und dem Hausputz noch viel zu tun haben.

Fpnr. 02821 D

Rußland, 24./25. 12. 1941

Als prächtiger Wintertag kam der 24. Dezember diesen Jahres leuchtend aus dem Osten heraufgestiegen. Ich ging mit der Axt durch das Buschwerk und suchte mir ein paar Tannenbäume für den Zug. Für den Weihnachtsmarkt in Kassel wären sie nichts gewesen, doch für unsere Unterstände reichen sie aus. Und im Laufe des Tages kam mehrmals vom Kompaniegefechtsstand die Nachricht, daß der Weihnachtsmann dagewesen wäre. Dann kamen die Melder mit Kisten und Säcken: für jeden Mann 1 Pfd. Pfeffernüsse, 1 Flasche Wein, 2 Äpfel und 70 Zigaretten, dazu für die Gruppen gemahlenen Bohnenkaffee. Wenn auch die Post nicht kam, zog bei Dunkelheit in alle Bunker Weihnachtsstimmung ein. Ein Teil der erwarteten Post war an den Vortagen gekommen, Dein lieber Brief vom 6. 12. Ich bin während des Abends meist draußen im Graben gewesen. Aus den Unterständen klangen gedämpft Weihnachtslieder »Stille Nacht, heilige Nacht«. Von drüben kamen einzelne Gewehrschüsse, im Frontabschnitt links hämmerten MGs und rollten Artillerieabschüsse und Einschläge. Doch erhaben stand der Sternenhimmel über der weißen Erde. Ich ging dann hinüber in das Gelände des 3. Zuges und besuchte dort einen mir näher stehenden Kameraden, Feldwebel und Offiziersanwärter Neumann. Dort haben wir von zuhause, von den Kindern und von der Gestaltung unseres Lebens nach dem Kriege gesprochen.

Ich wünsche mir eine Zukunft, in der ich bauen kann, eine wissenschaftliche Arbeit oder ein Stück Landschaft, in der ich still und glücklich mit dir am Kamin sitzen könnte, in der wir unsere Kinder Verständnis und Freude an allem gewinnen sehen, was gut und schön ist.

Darum habe ich in dieser Nacht die Mächte gebeten, die über den Sternen wohnen.

FPNR. 02821 D

Heute bekam ich zwei Briefe von Dir, einen vom 1. und den anderen vom 11. 12. Ich war durchfroren von einer Streife durch die Raureif-Nacht »heim«gekommen. Im Bunker roch es nach Glühwein (die Reste der sorgsam eingeteilten Weihnachtsgaben), und mich empfingen mehrere Stimmen: »Unteroffizier, Sie haben 4 Briefe, und ein Päckchen ist auch dabei.« Jetzt hatten wir wirklich »Fettlebe«, wie die Sachsen sagen. Ich weiß, daß es nichts nützt, wenn ich Dir sage, daß Du Dich nicht sorgen sollst. Doch das möchte ich Dir sagen: ich werde zwar immer da sein, wo beherzte Männer gebraucht werden. Aber leichtsinnig setze ich mich nicht der Gefahr aus; denn ich möchte wieder heimkommen zu Dir, zu unseren dreien, um ihnen für das Leben mitzugeben, was ein Vater vermag. Ich bin durch das, was ich hier gesehen habe, in meinem Glauben noch bestärkt, daß unser Leben in die Hand einer höheren Macht gegeben ist. Ich weiß nicht, warum dieser lebt und jener sterben muß, doch ich weiß, daß es den Schwächling, der sein Leben auf Kosten anderer in Sicherheit halten möchte, ebenso trifft wie den, der unter den Vordersten ist. Ich glaube, daß ich im Leben noch vieles wirken kann, und ich glaube darum, daß mir die Vorsehung das vergönnen wird. Wir wollen nicht kleingläubig sein. Aus dem Glauben werden wir ein starkes Herz gewinnen.

Annegret, 6 Jahre

Wilhelm war mein großer Freund, ungefähr 20 Jahre alt. Seine Eltern hatten einen Bauernhof mit Pferden. Da diese meine Lieblingstiere waren, verbrachte ich dort viel Zeit, half die Pferde füttern und misten, so gut ich es konnte. Und dann musste Wilhelm in den Krieg. Ich vermisste die Zeit mit ihm. Kurze Zeit später machte eine Nachricht die Runde in unserem kleinen Dorf: »Wilhelm ist gefallen!«

Eilig lief ich nach Hause und rief aufgeregt: »Wilhelm ist gefallen. Worüber ist er denn gestolpert? Hat er sich sehr wehgetan?«

MARGARET (NANA), 8 JAHRE

Diese so furchtbare Zeit hatte für uns zunächst keinen allzu großen Schrecken. Behütet lebten wir im Kreis unserer Mutter und Großeltern. Hunger und Armut spürten wir. Oft gab es nur trockenes Brot und Kartoffeln. Umso mehr wussten wir es zu schätzen, wenn unsere Scheibe Brot unter den laufenden Wasserhahn gehalten und dann darauf etwas Rohrzucker gestreut wurde.

Vater kannten wir kaum. In seinem ersten Heimaturlaub kam er aus Frankreich, beladen mit wunderschönen Überraschungen für uns. Blaue Vögel aus Holz, die an der Kellerdecke befestigt wurden und an einem langen Faden hin und her schwebten, Schmuck, Schokolade und noch vieles, vieles mehr.

Der Schlaf während eines Fliegeralarms im Keller war nicht mehr so angsteinflößend, wenn die Vögel über uns schwebten und wir ihren beruhigenden Flug beobachteten. Vergessen waren in diesen kurzen

Augenblicken die hässlichen Spinnen und Ameisen, die an den Stütz-
pfosten emporkrabbelten und versuchten in unser Bett zu kommen. Im
Fall eines Bombenangriffes sollten diese Pfosten die Kellerräume etwas
stabiler machen. Und wenn es dann nach dem Gutenachtkuss noch ein
selbst gebranntes Bonbon aus braunem Zucker gab, mussten wir während dieser Zeit nicht unter die Decke kriechen und uns die Ohren zuhal-
ten, weil gerade wieder ein Tiefflieger über unser Haus donnerte. Vaters
Urlaubszeit war immer kurz. Oft versuchte ich mir vorzustellen, wo er
sich im Moment befand und was er im Krieg tun musste. Ich kannte vom
Krieg nur die Flugzeuge, die täglich über uns hinwegjagten, da sich in
unserer Nähe ein wichtiger Bahnhof befand. Im Bett hatte ich jedes Mal
große Angst vor Fliegeralarm.

Die Dunkelheit im Haus erschreckte mich. So nahm ich jeden unbeo-
bachteten Moment wahr, um aus dem Haus zu schleichen. Ich wusste,
dass man sich flach auf den Boden legen musste, wenn ein Flugzeug
nahte. Damit ich alles gut sehen konnte, suchte ich mir im Garten den
höchsten Punkt aus, und das war der Misthaufen. Auf einem Kartof-
felsack lag ich dort, meine Augen wanderten über den Himmel. Es war
aufregend, überall Flieger, manche ziemlich tief. Der Himmel wurde
erhellt von Tannenbäumen, die die Flugzeuge setzten, überall dort, wo
Bomben geworfen werden sollten.

Hier draußen unter freiem Himmel störte mich der Alarm, der ohren-
betäubende Krach der Flugzeuge nicht. Und auch den warmen Mistge-
ruch nahm ich nicht wahr, ich war begeistert von dem Feuerwerk über
mir.

Doch als am Nikolaustag im Jahr 1944 die nahegelegene Stadt Gießen
lichterloh brannte, ließ meine Begeisterung schlagartig nach, weil der
Himmel im Osten blutrot glühte.

GISELA, 11 JAHRE

Die Schule war aus, mein Heimweg war lang, da wir außerhalb des Dorfes wohnten. Ich hatte es nicht eilig. Am Himmel war es ruhig, keine Flieger zu sehen, und es heulte auch keine Sirene. Langsam trödelte ich nach Hause und beschloss noch einen Umweg durch das Dorf zu machen. Meine Laune war nicht die beste, denn meine Freundin hatte ein neues Kleid bekommen aus wunderschönem Stoff, von dem ich nur träumen konnte. Mein Weg ging durch die Sackgasse. Dort war ein Textilgeschäft. Die Inhaber zogen ab und an durch das Dorf und boten bunte Stoffballen, Borden, Spitzen, Knöpfe, Bettwäsche und vieles mehr an den Haustüren an. Die Dorfbewohner kauften gern bei ihnen, sofern etwas Geld übrig war. Insgeheim hatte ich gehofft, sie unterwegs zu treffen, um die schönen Sachen zu bewundern. Leider ging mein Wunsch nicht in Erfüllung. Ich schlenderte durch die Sackgasse und blieb vor dem Geschäft stehen. Es sah verlassen aus. Mir fiel ein, dass die Tochter der Familie, ein jüdisches Mädchen, nicht mehr in der Schule erschienen war. Zu Hause angekommen, fragte ich Mutter nach der Familie. »Sie sind fort«, war ihre kurze Antwort.

Einfach weg, ohne Aufwiedersehen, wie war das möglich? Nach einiger Zeit trugen immer mehr Schülerinnen hübsche Kleider, verziert mit Borden und bunten Knöpfen. Alles Betteln bei Mutter half nicht. Als ich fragte: »Warum nicht?«, gab sie mir zur Antwort: »Es ist Sünde, dort etwas zu kaufen.« Inzwischen war das Geschäft aufgelöst worden. All die schönen Dinge wurden verschleudert. Ich hielt keine Ruhe und quengelte weiter, bis Mutter sagte: »Es ist Unrecht, ich kann nichts kaufen, was anderen Menschen weggenommen wurde.« Und dann kam wieder der Satz, den mein Bruder und ich schon so oft gehört hatten. »Haltet den Mund, sagt nichts, was hier zu Hause gesprochen wird, sonst holen sie uns auch.« Wir wussten nicht, wer »sie« waren, wussten auch nicht, warum wir schweigen sollten. Ständig lebten wir in Furcht, etwas zu sagen, was wir nicht hätten sagen sollen aus Angst, dass es uns genauso erginge, wir plötzlich weg wären wie diese jüdische Familie.

Erna, 16 Jahre

Bombenhagel über Frankfurt, Flüchtlinge im eigenen Land, und eine dieser Betroffenen verschlug es zu uns. Alles hatte Frau Faust verloren, nur eines war ihr geblieben, ihre geliebte Tochter Wilma. Unser Bauernhaus war nicht sehr geräumig. Wir rückten zusammen und waren nun eine größere Familie.

Ein schwerer Schicksalsschlag hatte uns getroffen. Mein großer Bruder war gefallen. Wir vermissten ihn sehr, unsere Trauer war groß. Durch den Familienzuwachs war ich etwas abgelenkt.

Wilma war ein besonderes Kind, war fröhlich und unbeschwert. Sie hatte das Down-Syndrom. Überall half sie mit, so gut sie es konnte, fütterte die Hühner, sammelte die Eier ein. Hühner mochte sie besonders gern. Diese so grausame Zeit war für Wilma nicht ungefährlich.

Und als dann die Nachricht kam, sie solle eine Kur machen, erschrak Wilmas Mutter zu Tode. Ich dachte, in einer Kur erholt man sich, ahnte nicht, was mit Wilma passieren würde. Frau Faust jedoch war besser informiert als die Dorfbevölkerung, sprach Englisch und hörte Fremdsender ab.

Sie wusste, dass ihr geliebtes Kind dann für immer fort wäre. Wilma käme nach Hadamar, einer Landesheil- und Pflegeanstalt. Was sich dahinter verbarg, war ein Vernichtungslager für Kinder mit geistiger und körperlicher Behinderung. Nach einiger Zeit war es so weit. Wilma sollte abgeholt werden. Sie war verschwunden. Niemand wusste anscheinend, wo sie steckte. Im Haus, im Hof, im Garten, auf der Straße, bei Nachbarn, überall wurde gesucht. Man fand Wilma nicht. Anschließend befreite ich sie freudestrahlend aus dem Hühnerstall, den wir zuvor mit Strohballen verbarrikadiert hatten. Wilma hatte sich still verhalten und auch die Hühner hatten sie nicht verraten.

ELISE, 9 JAHRE

Im Haus war es still, auch auf der Straße rührte sich nichts. Nur in der Ferne hörte ich ein dumpfes Brummen. Ich war allein, Geschwister hatte ich nicht, Vater kämpfte auf dem Balkan und Mutter war auf einer Beerdigung. Mir war langweilig, und so ging ich auf die Straße, um dort auf sie zu warten. Ich schaute nach rechts und nach links, aber Mutter kam nicht. Dann ging die Sirene los, heulte durch unser kleines Dorf, »Fliegeralarm«. Ich weinte, hatte Angst und fühlte mich allein gelassen.

Wo blieb Mutter nur? Endlich, endlich kam sie um die Ecke gerannt, packte mich und wir flüchteten in den rettenden Keller. Der arme Verstorbene war hastig in das Grab hinabgelassen worden und statt mit Choral und Gebet mit Sirenengeheul und Dröhnen der Bomber verabschiedet worden. Alle Trauergäste rannten um ihr Leben, um einen relativ sicheren Zufluchtsort zu finden.

Margaret (Nana), 8 Jahre

Auch Männer müssen manchmal weinen

Ich bin klein, mein Herz ist rein, soll niemand drin wohnen als Jesus allein.« Das Amen meiner Schwestern folgte prompt, meines ließ noch auf sich warten. Ich musste nachdenken. Warum sollte in meinem Herzen nur Jesus allein wohnen und nicht auch Mama, Papa, meine Schwestern und Oma und Opa?

Die Federdecke war schwer, ich streckte ein Bein hervor, zog es aber sofort wieder zurück aus Angst, es könnte sich eine Spinne darauf niederlassen. Das würde wieder keine gute Nacht werden zu dritt in einem Bett auf harten Matratzen im feuchten Keller, in dessen dunklen Ecken unsichtbare Gefahren lauerten. Zur Wand gedreht versuchte ich, nicht in die Mitte zu rutschen. Denn von dort erwartete mich nichts Gutes. Spitze Ellenbogen kamen mir entgegen, wenn ich zu sehr auf Tuchfühlung ging. So nahm ich meinen Zipfelmann in den Arm, sprach leise mit ihm, erzählte ihm, was mich bedrückte. Einen Teddy oder eine Puppe hatte ich zu der Zeit nicht. Jetzt beschloss ich Amen zu sagen.

Zipfelmann war eine Spitze der Bettdecke, sah aus wie eine dreieckige Tüte, die ich dicht mit Federn gefüllt und dann einmal herumgedreht hatte. Ich nahm ihn fest in den Arm und versuchte, nicht den Daumen zu nehmen und an meinen Haaren zu drehen. Großvater hatte gesagt, der Daumen weicht auf und ich bekomme eine Glatze. Opa hatte übrigens eine. Das störte ihn offensichtlich. Denn wenn wir im Frühling endlich Kniestrümpfe tragen durften, ritzte er die Birken und fing in einer Flasche das Birkenwasser auf. Damit rieb er sich seinen kahlen Kopf ein, um den Haarwuchs zu fördern, jedoch ohne sichtbaren Erfolg.

Vor acht Tagen war unsere Katze gestorben. Opa hob ein Grab aus. Fassungslos standen wir daneben, unsere Tränen wollten kein Ende nehmen. »Opa, warum weinst du denn nicht?«, fragte ich schluchzend. »Beim Tod eines Tieres weint man nicht, und außerdem heulen Männer nicht«, war seine Antwort.

Heute hatten die Fliegerangriffe auf Wetzlar zugenommen. Wir wurden auf dem Schulheimweg von einem überrascht. So wie es unsere Mutter uns befohlen hatte, ließen wir uns in den Straßengraben fallen.

Der Schmutz störte uns nicht. Mit zugehaltenen Ohren und panischer Angst warteten wir, bis der Angriff vorüber war. Dann stürmten wir nach Hause.

Außer Atem kamen wir in der Küche an, blieben erschreckt stehen. Der Raum war gefüllt mit Soldaten. Ich traute meinen Augen nicht. Einige Männer weinten und schluchzten. Einer rief immer wieder: »Mama!« Er sah noch so jung aus. Großmutter nahm ihn in den Arm. Auf Zehenspitzen musste sie stehen, weil sie so klein und er so groß war. Aus Furcht, eine Bombe träfe ihren Zug auf dem nahegelegenen Bahnhof, waren sie zu uns geflüchtet. Als ich dann Oma half Zwetschgenmusbrote zu schmieren, murmelte ich: »Opa, du hast nicht immer recht, auch Männer müssen manchmal weinen.«

Minni, 10 Jahre

In der Ferne hörten wir beängstigendes Brummen. Auf dem Knochenberg hoch über Atzbach hatten wir gerade die Turnstunde unter Leitung unserer BDM-Führerin hinter uns gebracht. Schon wieder Fliegeralarm, wir hatten Angst. Zufällig kam der Vater einer meiner Kameradinnen vorbei und schimpfte mit ihr wegen der Leichtsinnigkeit, in dieser so unruhigen Zeit mit uns Mädchen hier oben zu sein.

Wütend drehte sich unsere Leiterin zu uns um, wir mussten stillstehen. Dann brüllte sie mit zackiger Stimme: »Und dennoch bleiben wir unserem Führer mit einem dreimaligen ›Sieg Heil‹ treu.« Wir schrien dreimal: »Sieg Heil«, und hoben dreimal den Arm zum Hitlergruß. Warum wir das tun sollten, wussten wir nicht so recht. Aber wir machten, was uns befohlen wurde.

Erna

Minni, 10 Jahre

In der Kriegszeit wurde das Vieh gezählt. Man durfte nur eine bestimmte Anzahl davon halten.

Wir hatten aber mehr Hühner, als wir haben durften. Der Viehzähler war wieder unterwegs. Oma hatte eine tolle Idee und sagte: »Wir verstecken die acht Hühner im hintersten Keller.« Wir schlossen alle Türen fest zu und hofften, dass die Hühner schlafen und Ruhe halten würden. Der Tierzähler kam. Die Hühner waren wach, gackerten laut und fröhlich und hatten so ihr Versteck verraten. Die Hühner waren wir los.

Mein Vater hatte Heimaturlaub. Es wurde beschlossen, heimlich ein Schwein zu schlachten, der Viehzähler hatte es nicht entdeckt. Oft hatten wir Hunger, und der Gedanke an eine Bratwurst oder ein Kotelett ließ uns das Wasser im Mund zusammenlaufen.

Immer wieder mussten wir uns den Satz von Oma anhören: »Wenn ich Kartoffeln, Milch und Zwiebeln habe, kann ich die ganze Woche etwas kochen.« Das Schwein war tot. An jenem Tag, es war ein heißer Sommer, trieben die Bauern ihre Kühe in die Lahnwiesen, dort war das Gras noch etwas grüner und frischer. Meine kleine Cousine half mit, die Kühe zu treiben, und verkündete dabei laut und fröhlich: »Mein Onkel ist auf Urlaub und hat eine weiße Sau schwarz geschlachtet.« Zum Glück hatte es niemand gehört, der es nicht hören durfte. Es gab überall Spitzel. So gab es keine bösen Nachwirkungen.

Minni, 10 Jahre

Ein schwerer Bombenangriff auf Wetzlar war gemeldet. Bei Flieger-alarm waren wir bisher immer in den Keller geflüchtet. Heute aber sagte Mutter: »Wir gehen in den Bunker.« Mein kleiner Bruder, acht Monate alt, wurde hastig in den Kinderwagen gepackt. Wir rannten, so schnell wir konnten, dorthin. Verängstigt setzten wir uns auf den letzten freien Platz. Doch kaum saßen wir, da kam eine Frau auf uns zu und schrie uns zu: »Macht, dass ihr wegkommt, hier sitze ich. Für euch ist kein Platz, was sucht ihr hier! Ihr seid ja noch nie da gewesen.« Erschreckt sprangen wir auf. Mutter weinte, mein kleiner Bruder schrie. Ich jammerte und klammerte mich hilfesuchend an ihren Rock. Wir mussten aus dem sicheren Bunker flüchten und auch vor den dröh-nenden Tieffliegern, die einen Angriff auf Wetzlar flogen. Sie waren so tief, dass ich meinte, sie nehmen den Kirchturm mit. Ich konnte erst wieder richtig Luft holen, als wir unseren schutzbringenden Keller er-reicht hatten.

Mariechen, 10 Jahre

Die Schule hatte begonnen. Schiefertafel, Griffel und ein nasses Schwämmchen lagen vor mir. Anderes Schreibmaterial gab es kaum. Den Hitlergruß hatten wir hinter uns. Auch ein Weihnachtslied hatten wir gesungen, ich konnte mich nicht richtig auf Weihnachten freuen, aber jetzt freute ich mich auf mein Lieblingsfach Deutsch. Doch schon wieder ging es los. Es war gerade 9.30 Uhr. Sirenen heulten, in unserem Dorf, in den Nachbargemeinden, in der Ferne ein dumpfes Brummen. »Bombenalarm«. Hastig packte ich meine Sachen zusammen und rannte, so schnell ich konnte, nach Hause. Mittags, es war an diesem Tag sehr neblig, wurde das Dröhnen immer lauter. Bomber rasten über unser Dorf hinweg. Wir flüchteten in den Keller, warfen uns auf den feuchten Boden, ohrenbetäubender Lärm, das Haus zitterte wie bei einem Erdbeben. Ich glaubte, mein letztes Stündchen hätte geschlagen. Die Flugzeuge hatten einen Bombenteppich in den Lahnwiesen abgeworfen direkt unterhalb unseres Dorfes. Bomben hatten tiefe riesige Löcher in die Wiesen gerissen. Erde und Staub flogen bis in das Unterdorf.

Nikolausabend, der Nikolaus kam nicht, aber Bomber, die den Himmel verdunkelten und Gießen völlig zerstörten, ein einziges Flammenmeer. Noch am nächsten Morgen war der Himmel blutrot gefärbt.

Ausgebombte Menschen zogen in langen Schlangen an unserem Haus vorbei, auch eine Frau mit kleinem Handwagen, bekleidet mit einem dünnen Mantel. An einem Bein hing der Strumpf bis auf den Schuh, das andere Bein war nackt.

Die Front kam immer näher, es musste gebacken werden, damit im Notfall noch genügend Brot vorhanden war. Auf dem Weg zum Backhaus sahen wir Hunderte deutscher Soldaten, die erschöpft vor den Häusern lagerten. Mit Schrecken dachte ich an meinen Bruder, der mit 17 Jahren im Krieg war, und wir wussten nicht, wo. Abgelenkt wurde ich durch Maurice, unseren französischen Gefangenen, der wie ein großer Bruder und mein Beschützer war. Er half in der Landwirtschaft und aß mit uns am Tisch, was eigentlich verboten war. Und als wieder einmal Tiefflieger einen nahe gelegenen Bahnhof bombardierten und meine Freundin und ich uns im hintersten Winkel des Backhauses versteckt hatten, suchte Maurice im ganzen Dorf, bis er uns schließlich fand und sicher nach Hause brachte.

Als wir im Backhaus ankamen, waren dort einige Männer damit beschäftigt, haufenweise NSDAP-Akten zu verbrennen. Eine Mordsglut entstand, und wir sparten eine Menge Holz.

Am nächsten Tag kamen die Amerikaner, kamen auch zu uns, um das Haus zu durchsuchen. Einer von ihnen stand da mit finsterer Miene, den Finger am Gewehrabzug.« Nun ist es aus, jetzt werden wir erschossen«, war mein einziger Gedanke. Doch nichts geschah, die Amerikaner verschwanden mit der goldenen Uhr meiner Mutter. »Hätten sie gewusst, mit welchem Material unser Brot gebacken wurde, dann hätten sie es bestimmt auch beschlagnahmt«, war der Kommentar meines Vaters.

LOTHAR, 16 JAHRE

Mit 14 Jahren kam ich zur Flieger-HJ. Mein Traum schien wahr zu werden, ich wollte den Flugschein machen. Doch meine Pilotenlaufbahn scheiterte. Wir wurden zum Gräbenausheben in die Eifel geschickt. Anfang März 1945 musste ich zum Volkssturm. Vater und Mutter taten sich sehr schwer damit, mich gehen zu lassen, denn sie hatten gerade die fürchterliche Nachricht bekommen, dass mein älterer Bruder vermisst sei. Meine Mutter war verzweifelt und sprach mit der Mutter eines meiner Kameraden. Diese erwiderte kurz und knapp: »Pflicht ist Pflicht.«

So zogen wir zu dritt los nach Büdingen. Dort wurden wir ausgerüstet mit Kleinkalibergewehren und marschierten in Richtung Osten. Mein Kamerad Gerhard, ich und einige andere waren als Gepäckwache für ein Pferdefuhrwerk abgestellt. Inzwischen hatten Vater und ein Bekannter beschlossen, zu verhindern, ihre Söhne in den Krieg ziehen zu lassen, setzten sich auf ein Fahrrad und folgten unserer Truppe. Ich sah meinen Vater und hielt die Luft an. Unser Truppenführer stand vor ihm, hielt eine Pistole an seine Stirn und schrie: »Wenn Sie nicht sofort verschwinden, erschieße ich Sie!« Unsere Väter mussten uns verlassen. Meine Knie waren weich, ich bekam keine Luft und zitterte am ganzen Körper. Doch es wurde weitermarschiert.

In Lauterbach kamen uns deutsche Soldaten entgegen mit der Nachricht, dass die Amerikaner schon ganz in der Nähe seien. Jetzt hatten wir drei endgültig genug vom Krieg und beschlossen zu fliehen, rannten über Felder dem nahen Wald zu, machten vergebliche Versuche, einen Hasen zu schießen, was prompt mit Artilleriesalven der Amerikaner erwidert wurde. Erschreckt warfen wir die Waffen in das nächste Gebüsch und rannten um unser Leben. Die Nacht verbrachten wir im Wald. In der folgenden Nacht fanden wir Unterschlupf bei einer Bäuerin, die uns mit Essen versorgte.

Nachdem wir Ulrichstein erreicht hatten, liefen wir ab jetzt der Straße entlang. Ein US-Jeep kam uns entgegen, und ein amerikanischer Offizier fragte in gebrochenem Deutsch, wo wir hinwollten. »Nach Hause.« Seine Antwort darauf war: »Go home.«

Der Krieg war aus. Unsere Fahnenflucht nahm zum Glück kein böses Ende.

MARGARET (NANA), 8 JAHRE

P lis, häf ju schuin gam?«

Möglichst viele Wörter mit demselben Anfangsbuchstaben zu finden, und das in einer gesetzten Zeit, war ein beliebtes Spiel unseres Vaters mit uns Kindern, unsere Begeisterung jedoch hielt sich dabei in Grenzen.

An jenem geschichtsträchtigen Datum, dem 28. März 1945, und den folgenden Tagen häuften sich die Wörter mit dem Anfangsbuchstaben »K«. Krieg, kaputter Fuß unseres Vaters, Kapitulation, Kommandantur, Kaugummi.

Eine angespannte Schweigsamkeit schlich im Haus umher. Das weiße Betttuch, welches vom Balkon herunter im Wind flatterte, sollte Ergebung signalisieren. Hinter den heruntergelassenen Rollläden, deren Schlitze noch einen Blick nach draußen zuließen, standen wir und starrten verängstigt auf die rollende, donnernde Panzerkolonne, die sich auf der Straße entlang unseres Gartens schob. Einige Kanonenrohre waren auf unser Haus gerichtet.

In diesem Moment hatte ich wohl begriffen, was Krieg am Boden bedeutet, und nicht nur Bombenalarm, Sirenengeheul und Tiefflieger am Himmel.

Unsere Mutter versuchte uns die entsetzliche Angst ein wenig zu nehmen, indem sie erklärte, dass der Krieg jetzt zu Ende sei. Wir Deutsche hätten kapituliert und unsere Feinde seien jetzt unsere Freunde. Sehr freundschaftlich sahen die Panzer jedoch nicht aus.

Unser Vater konnte während dieser Zeit sehr oft nicht bei uns sein. Ein Granatsplitter hatte seinen Fuß verwundet. Bedingt dadurch musste er immer wieder in ein Lazarett.

Landstreicher trieben ihr Unwesen und auch einige unserer Feindfreunde versuchten zu plündern und brachten unsere Mutter zum Weinen. Großvater war der einzige Mann in unserem Haus und bat einen amerikanischen Offizier um Hilfe. So bekamen wir Einquartierung in unserem weitab vom Dorf gelegenen Haus. Es wurde eine Kommandantur eingerichtet.

Nun begann für uns Kinder eine spannende, aufregende Zeit. Unser Beobachtungsposten war das Podest, welches die geschwungene Treppe in zwei Abschnitte teilte. Von dort aus beobachteten wir die in das Haus kommenden Soldaten, die uns in ihren Uniformen großen Respekt einflößten. Kisten wurden hereingetragen und dann ein kleines Klavier. Mir stockte der Atem. Einer der Träger war schwarz wie die Nacht. So sahen wir aus, wenn wir dem Teich im Garten entstiegen waren, nachdem wir uns von oben bis unten mit Schlamm beschmiert hatten.

Mucksmäuschenstill beobachteten wir das Kommende. Unsere Mutter schien keine Furcht zu haben und begrüßte die Soldaten herzlich. In einer für mich unverständlichen Sprache unterhielten sie sich.

»Nun kommt mal runter und begrüßt unsere Gäste!«, rief Mutter. Natürlich hatte sie unseren Spähposten längst entdeckt. Mit Beinen schwer wie Blei und völlig verkrampft verließen wir unser Versteck und schlichen die Treppe hinunter. Sonst ließen wir keine Gelegenheit aus, um auf dem Hosenboden abwärtszukommen oder aber auf dem geschwungenen Geländer hinabzurutschen.

Meine ältere Schwester war mutig, gab jedem die Hand und machte einen Knicks. Ich tat es ihr nach und stellte fest, dass eine schwarze Männerhand sich ebenso anfühlt wie eine weiße. Insgeheim hatte ich ja vermutet, seine dunkle Farbe sei nur angemalt, um damit uns Feinde zu erschrecken. Heimlich schaute ich auf meine Hände. Nichts hatte abgefärbt. Groß und mächtig stand er da, der für mich so fremdländische Mann, setzte sich ans Klavier und begann zu spielen und zu singen. Genauso gewaltig wie seine Figur war seine Stimme. Mutter hatte gesagt, er sei Pfarrer und hätte während des Krieges Feldgottesdienste gehalten. Mir gefiel diese Musik. Sie war so ganz anders als das »So nimm denn meine Hände«-Lied, welches Großmutter ab und an mit uns gesungen hatte, und auch nicht zu vergleichen mit den Lönsliedern, die unsere Mutter und Tante vierhändig auf dem Klavier gespielt und gesungen hatten.

Nach dieser Darbietung zogen wir uns wieder auf unseren Beobachtungsposten zurück, fühlten uns aber dort nicht richtig wohl. Wir wurden bewacht von zwei ausgestopften Raubvögeln mit ausgebreiteten Schwingen, einem Bussard und einem Habicht, die rechts und links an der Flurwand angebracht über uns schwebten, ihren kalten stechenden Blick aus den gelben Glasaugen auf uns gerichtet. Obwohl wir wussten, dass sie tot und ausgestopft waren, blieb unsere Furcht vor ihnen.

Allmählich verloren wir unsere Scheu, wurden immer zutraulicher, saßen auf den Knien unseres Sängers und hopsten zu den Klängen seiner Musik. Unsere kleine Schwester kam meistens als Erste dran, bedingt durch ihren hellblonden Lockenkopf und ihr Puppengesicht. Und dann lernten wir Englisch. Immer wieder beobachtete ich unseren Pfarrer. Ständig kaute er und schob etwas Undefinierbares in seinem Mund hin und her. Und als ich dann auf seinen Knien saß, nahm meine Neugier überhand, und ich schaute ungeniert auf seinen Mund. Lachend entblößte er seine Zähne, weiß und strahlend ebenso wie das Weiß seiner Augäpfel, wenn er mit den Augen rollte. Ich konnte nicht erkennen, was zwischen seinen Zähnen war. Ein Bonbon war es jedenfalls nicht. Und schon griff er in die Tasche, holte ein flaches längliches Päckchen hervor, wickelte es auf und schob es mir in den Mund. Es schmeckte wunderbar nach Pfefferminz. Leider wusste ich nicht, was ich damit anfangen sollte, und war immer wieder versucht, es hinunterzuschlucken. Doch schnell lernte ich von meinem Lehrmeister, dieses klebrige Zeug zu kauen, bis es keinen Geschmack mehr hatte. Meine Schwestern lernten es ebenso schnell und auch den Satz »Plis häf ju schuin gam?«. Beim ersten Mal wussten wir nicht, was er bedeutet. Doch sagten wir ihn, kam prompt die Belohnung, und unser neuer Freund schenkte uns ein Kaugummi, mit dem wir inzwischen gelernt hatten umzugehen. Dann kam der zweite englische Satz: »Plis häf ju schoklät?«

Sagten wir diesen, bekamen wir Schokolade. Das nutzten wir weidlich aus und fanden den Frieden wunderbar, vergaßen auch nicht »Dänk ju« zu sagen. Das hatten wir von unserer Mutter gelernt. Auch Oma brachten wir diese Sätze bei, sie konnte im Gegensatz zu unserer Mutter kein Englisch. Doch lehnte sie es vehement ab, ein Kaugummi in den Mund zu nehmen. Bei Schokolade war das schon etwas anders, jedoch nicht für sich, sondern um für unseren kleinen Bruder Kakao zu kochen, der ja auch etwas vom Frieden merken sollte.

HEINRICH, 35 JAHRE

Flucht aus russischer Gefangenschaft

Auszüge

16. April 1945. Der letzte große Angriff des Russen im Oderbruch. Verzweifelt stemmten sich die letzten Deutschen dem Russen entgegen. Aber machtlos und vergebens unser Bemühen gegen eine große Übermacht an Mensch und Material. Wer nach den ersten beiden Tagen nicht tot oder verwundet war, lag verschüttet in irgendeinem Loch, die wenigen aber, die das Schicksal bewahrt hatte, wurden wieder zusammengezogen zum neuen Einsatz. Was hätte doch für vieles Leben gerettet werden können, wenn man beizeiten Einsehen gehabt hätte. In dieser Zeit bewährt sich die Kameradschaft, in dieser Zeit kommen viele ums Leben, weil sie glauben, es alleine zu schaffen. Vor unseren Augen entledigt sich ein 2.2. Offizier seiner Uniform, mit Zivil angezogen, versucht er schwimmend das andere Ufer des Flusses zu erreichen. Einige Kameraden lassen ihn nur bis zur Mitte kommen. Jeder weiß, daß es nur noch Tage dauern kann, ertrinken, gefangen oder tot. Von den vielen Ausbrüchen hat noch keiner zum Erfolg geführt, nur Tote und immer wieder Tote. Wilhelm und ich, seit Jahren sind wir im Krieg zusammen und auch bis heute sind wir zusammen, immer noch haben wir die Hoffnung, daß wir aus diesem Hexenkessel freikommen können.

Der jetzt beginnende Endkampf wird wohl einmalig sein. Zusammengeschossen, wie bei einem Kesseltreiben, werden die letzten, die immer noch nicht glauben können, daß bald der Krieg zu Ende ist. Es geht nirgends mehr vorwärts, keiner weiß mehr, was eigentlich los ist. Keine Führung, alles ist kopflos. Jeder denkt nur an sich. Wenn doch einer dagewesen wäre, der alles noch Kriegsfähige zusammengerafft hätte und einen gemeinsamen Ausbruch in die Wege geleitet hätte. Aber wie wenige waren es von der Führung, die ausgehalten haben, längst hatten sie sich beizeiten aus dem Staub gemacht. Am Abend des 27. April der letzte große Fliegerangriff, den wir als Soldaten mitmachen, beschließen wir im Morgengrauen mit dem Rest der noch übrig Gebliebenen, den letzten Ausbruch zu wagen. In der Nacht verlieren wir noch ein paar Mann, so daß noch 20 übrigbleiben. Wir haben uns in einer tiefen Waldmulde zurechtgelegt, um ½ 4 soll es losgehen. Nie hätte ich gedacht, daß Willi und ich einmal so schnell in russischer Gefangenschaft wären. Unser Leutnant, der fließend Russisch sprach, war Herr der Lage. Zu uns, die wir noch zum Teil umlagen, rief er: »Waffen weg, es ist aus, seht's ein!« Aus war es, vorbei, in Gefangenschaft. An einem Wegrand sitzend, erwarteten wir unter Bewachung den Morgen.

Die Sieger von Berlin waren schlecht gekleidet, sie brauchten Kleider. Auch bei mir hatte einer bald schon meine Stiefel festgestellt. Am Wegrand sich an einen Baum haltend, versuchte er mit aller Macht, meinen Stiefel von dem Fuß zu ziehen, ich aber hielt fest. Den Fuß mir auf den Magen setzend, mit aller Macht drückend, da war ich ihn los. Er macht mir eine Bewegung, ich soll seinen Schuh, der nur noch aus Vorderteil bestand, anziehen. Einen Stiefel hatte ich noch an, am anderen den Russenlatschen, ein Sprung durch die uniformierten Russen, auf der anderen Seite ein Stück gelaufen und hinein in die Reihen. Eine Reihe vor mir geht mein Freund Wilhelm. Um Mitternacht wieder eine

Taschenlampe, ein paar Reihen hinter uns. Und wieder konnte ich im Schein der Lampe sehen, daß es mein russischer Stiefel-Freund war. Er hatte meinen rechten deutschen, ich meinen linken deutschen Stiefel an. Er links, ich rechts einen Latschen. Der 28. April war der Tag, da wir in Gefangenschaft kamen. Hin und her und immer im Kreis wurden wir geführt ohne Ruhe, ohne Essen und Trinken. Willenlos, wie sie uns haben wollten, waren wir nach den ersten drei Tagen schon. Am zweiten Tag wurden die Zivilpersonen von den Soldaten getrennt. Die dabei an jungen Frauen und Mädchen verübten Verbrechen will ich jetzt nicht mehr schreiben. Zu tief haben sie auf mich eingewirkt, daß es mir bis heute noch jedes Mal einen Stich durch das Herz gibt. Der 2. Mai, dieser Tag ist sehr entscheidend für unsere Flucht, für mich, wo ich einen Jungen in der Heimat habe, der am 8. Mai schon ein Jahr wird und ich ihn noch nicht gesehen habe, gibt es nur eines, heim zu meinen Lieben oder Tod. Wir sind ein großer Gefangenenhaufen geworden, es können so 5–6000 sein. Wir beide haben beschlossen, bei der ersten Gelegenheit geht es los. Unser Geist arbeitet fieberhaft. Eine Gelegenheit muß sich uns ja mal bieten. Über die Autobahn geht es langsam Frankfurt a. d. Oder entgegen. Überall liegen schon welche, die nicht mehr konnten oder die es versucht hatten, was wir noch vorhatten. 4. Mai, Tag der Freiheit für uns. Wir sind nur noch ein paar km von der Oder entfernt. Heute abend oder nie! Wir sind am Ende der langsam dahin gehenden Schlange. Es wird langsam Abend. Noch immer hat sich keine günstige Gelegenheit geboten. Auf einem großen abgeernteten Kartoffelacker werden wir zusammengetrieben. Sofort beginnen die Kameraden mit Holzlatten nach noch in dem Acker steckenden Kartoffeln zu graben.

Ach, wie tut der Hunger doch jetzt schon so weh. Wo wir beide zu liegen kamen, so ziemlich am Rande des großen Lagers, alle 10 m steht ein Russe, um keinen von uns aus den Augen zu lassen, liegt ein kleines Schützenloch, gerade so tief, daß sich 2 Mann mit Not hineinlegen können. Sofort war mein Plan gefaßt. Hinein und Kartoffelkraut über uns gezogen. Wir hatten es uns so anders vorgestellt. Glaubten wir doch einzuschlafen und am Morgen, wenn wir aufwachen würden, seien wir allein. Allein sollten wir gleich sein, eine halbe Stunde schon danach, als wir uns ins Kartoffelkraut gekrochen hatten. Die Nerven sind zum Zerreißen gespannt. Es schießt in allen Ecken. Es ging schon wieder weiter. Einer der russischen Soldaten stolperte über unser Kartoffelkraut, er schießt 2mal, aber gemerkt hat er nichts von uns. Wir bleiben noch 10 Minuten liegen. Die Sinne sind zum Zerreißen angespannt. Langsam, ganz langsam schiebe ich das Kartoffelkraut zur Seite. Wir sind allein, »frei«. Auf Händen und Knien kriechen wir über einen Kleeacker nach Westen zu. Ungefähr 2 Stunden marschieren wir. Jetzt waren wir frei, aber mit dieser Freiheit hatten wir auch große Sorgen, Hunger, wie sollte es weiter werden. In einem mit Stroh ausgelegten Bunker finden wir den Tag über Unterkunft. Immer sind wir noch in Uniform. Am Abend geht es weiter, die Sterne geben uns die Richtung. In der vierten Nacht kommen wir vor Berkenbrück an. Wir gehen am Rand des Dorfes entlang, wir wollen doch endlich Zivilkleider haben. Wir machen von hinten durch einen Zaun und im Hof müssen wir feststellen, daß das ganze Haus voller Russen steckt. Wieder zurück und rechts am Dorf vorbei. Es ist ziemlich dunkel.

Wir gehen etwas weiter, bis wir ganz plötzlich im Schlamm versinken. Mit Stöcken bewaffnet, tasten wir uns rückwärts, und nach einer Stunde finden wir Wasser. Unsere Freude war groß, glaubten wir doch, die Spree erreicht zu haben. Ein großes Boot steht auch ein Stück abwärts am Ufer, einsteigen und ab geht es. Wir rudern und rudern, aber vom anderen Ufer merken wir nichts. Nach einer halben Stunde steigen wir aus, im Nebel sehen wir kaum die Uferböschung. Wir haben keine Orientierung mehr, gehen wir nach Westen oder Osten. Nach gar nicht langer Wanderung erreichen wir ein Dorf, aber wie groß ist unser Erstaunen, als wir feststellen, daß es Berkenbrück ist und wir am Dorfausgang sind, wo wir ihn am Abend verlassen hatten. Bis jetzt hatten wir noch nichts gegessen, ein paar Zwieback, ein paar Gramm Brot, die wir gefunden hatten, waren das einzige, was unseren übergroßen Hunger etwas lindern sollte. Übermüdet, naß und hungrig krochen wir unter die dichten Fichten und schliefen auch bald ein. Furcht und Hunger lassen uns zur Mittagszeit wieder aufwachen. Eine Durchsicht unseres dichten Waldes bringt uns in Besitz von etwas Eßbarem, und auch eine Karte gerade von dieser Gegend können wir am Spätnachmittag unser eigen nennen. Nach dieser Karte machen wir unseren Plan, wie wir über die Spree weg kommen. Nach rechts hatten wir es versucht, links lag ein 5 km langer See und anschließend der Spreewald. Diesen Abend muß ich sehen, ob nicht am See ein Kahn steht. Da sehe ich im Schilf einen Kahn. Wir legen uns zum Schlafen. Nach der Nacht geht es am Morgen los. Um ½ 3 sind wir an der Autobahn und wieder können wir nicht hinüber. Auf beiden Seiten der Autobahn Marschkolonnen vor und zurück. Fast eine Stunde stehen wir schon, es wird langsam hell, und dann ist es zu spät. Wir können doch nicht im hellen Morgen als deutsche Soldaten in einem Kahn auf dem See fahren. Also zurück und wieder ins Lager unter den dichten Fichten. Diesen Abend müssen wir hinüber, oder wir wollen es mit einem Umgehen um den See probieren. Bei Anbruch der Dunkelheit sind wir schon fast an der Autobahn. Heute abend ist es ruhig, wir scheinen Glück zu haben. Um ½ 10 sind wir endlich über der Bahn, aber wir finden den Kahn nicht mehr. Um weiterzukommen, beschließen wir den See zu umgehen. Nach 3–400 m finden wir einen halb im Wasser liegenden Kahn. Mit unseren Kochgeschirren haben wir in einer Stunde ihn lautlos leer geschöpft. Lautlos, weil auf der Autobahn wieder russische Einheiten marschieren. Mit einer Buchenstange als Ruder wollten wir die Überfahrt beginnen. Ob wir es wagen können, wir zwei Nichtschwimmer? Mit ganzer Kraft muß ich mit meiner Stange arbeiten, um überhaupt vorwärtszukommen. Wilhelm muß mit dem Kochgeschirr feste arbeiten, sonst bekommen wir nasse Füße. Als nach einer Zeit unsere Kräfte nachzulassen beginnen, muß ich feststellen, daß wir kaum 100 m vom Ufer entfernt sind. Und der Kahn muß zu schwer durch das Wasser, da wir trotz Schöpfens schon ¾ Wasser haben. Jetzt also schnell zurück und alles hergegeben, was in dem Kahn noch steckt, sonst ist's zu spät, sonst ist der Heimweg hier beendet. Dann wird einmal auf den Ehrenkreuzen der Heimat stehen »vermißt«. Keiner wird wissen, wo wir geblieben sind. Jetzt wußte jeder von uns zwei, es geht um das Leben. Ein heißes Gebet zu dem, der uns bis jetzt so gut geführt hat. Mit letzter Kraft versuche ich noch einmal vorwärtszukommen, ich bin am Ende der Kraft. Wilhelm hält den Kahn schon schräg, denn von der Seite läuft das Wasser schon über. Wenn wir nicht gleich Land erreichen, ist es zu spät.

ELISABETH, 10 JAHRE

Emden war ein U-Boot-Hafen. Es gab keine Ruhe, weder tags noch nachts. Dauernd heulten Sirenen und der Himmel war voller Bomber. Endlich war mein Bett warm geworden, und ich versuchte einzuschlafen. Doch jäh saß ich wieder aufrecht, als Mutter aufgeregt rief: »Zieht euren Trainingsanzug an und lauft, so schnell ihr könnt, in den Luftschutzkeller.« Wir rannten – Granatsplitter flogen überall herum – und flüchteten in den Spitzbunker auf der gegenüberliegenden Straßenseite. Es war dunkel, kalt und feucht.

Plötzlich fing der Bunker an zu beben. Eine Brandbombe hatte unsere Wohnung getroffen. Wir waren ausgebombt, wurden evakuiert nach Wittgensdorf (Sachsen). Auf dem Bahnhof stand ein Zug voller Soldaten, zum Teil verwundet. Wir Kinder wurden durch ein Fenster hineingereicht, und ich hatte panische Angst, dass meine Eltern und Oma nicht mitkämen. In Wittgensdorf fanden wir ein neues Zuhause. Doch sehr lange blieben wir nicht dort. Vater musste beruflich nach Aurich. Ich hatte mich in diesem Dorf wohl gefühlt. Es war ruhig und es blieb Zeit zum Spielen. Damit war es in Aurich wieder vorbei, Fliegeralarm und Dröhnen der Flugzeuge.

Und dann starb auch noch meine kleine Schwester, fünf Jahre ist sie nur geworden. Ich vermisste sie sehr. Mutter war verzweifelt. Alles wuchs ihr über den Kopf. So kamen mein Bruder und ich zu Oma. Sie war schwerhörig und hörte meistens nicht rechtzeitig den Alarm. So rannten wir oft in letzter Minute in das gegenüberliegende Haus. Es hatte einen relativ stabilen Keller.

So war es auch heute. Kaum waren wir dort, gab es einen furchtbaren Knall. Eine Bombe hatte das Haus und auch die umliegenden getroffen. Wir waren verschüttet und kamen nicht mehr aus dem Keller heraus. Aber das Kellerfenster war noch frei. Ein Stuhl wurde daruntergeschoben und einer nach dem anderen herausgezerrt. Dann kam Oma dran. Sie war dick und schwer. Von außen wurde an ihren Armen gezogen und von unten wurde geschoben. Ich schrie, mein Bruder musste sich aus Angst übergeben, und Oma jammerte. Wir waren in großer Sorge, dass Oma steckenbleibt. Aber dann war es geschafft. Hinterher war ihr ganzer Körper voller blauer Flecken.

Schon wieder hatten wir keine Wohnung mehr und mussten erneut nach Wittgensdorf. Es blieb mir keine Zeit, mich irgendwo einzugewöhnen, ich konnte keine Freundin finden, denn nach einiger Zeit war es schon wieder so weit, Vater musste beruflich nach Leer. Doch auch dort konnten wir nicht bleiben. Leer wurde verteidigt. Wieder wurden wir evakuiert, diesmal nach Norden auf einen Bauernhof. Ein Wehrmachts-LKW sollte uns dort hinbringen. Unterwegs wurden wir beschossen, mussten uns in Sicherheit bringen. Wir alle sprangen vom Lastwagen und warfen uns in einen Graben. Nur Oma schaffte es nicht. Sie stürzte hinunter und tat sich schrecklich weh.

Auf dem Bauernhof wohnten wir zu fünft in einem Zimmer. Mir war langweilig, Schule gab es nicht. So ging ich an der Landstraße entlang, um den Bauern bei ihrer Feldarbeit zuzuschauen. Ich hielt die Luft an. Tiefflieger kamen. Einer flog so niedrig. Ich schaute hoch und sah zum ersten Mal einen Feind. Ein Gesicht konnte ich nicht erkennen, aber eine riesengroße Fliegerbrille, die mich so erschreckte, dass ich kaum Luft bekam. Ich rannte los und warf mich in einen Graben ebenso wie die Bauern, die um ihr Leben rannten, weil sie beschossen wurden.

Vater wurde erst spät eingezogen. Kurz vor Ende des Krieges wurde er fahnenflüchtig, all seine Kameraden waren gefallen, er wollte uns sehen. Unterwegs fand er Zuflucht in einem Tabakladen und bekam sogar Zivilkleidung. Er blieb nur kurz. Ich freute mich, ich liebte ihn, war wohl auch sein Lieblingskind. Und dann ging er fort. Ein halbes Jahr nach Kriegsende kam ein Brief, den mein Vater im April 1945 geschrieben hatte. Jeden Abend betete ich: »Lieber Gott, lass Vater wieder nach Hause kommen.« Er kam nicht mehr.

CHRISTOPH, 11 JAHRE

M eine unbeschwerte Kindheit endete im August 1944 in Godrienen, einem kleinen Vorort von Königsberg. Ausgelassen genossen wir dort, meine jüngeren Geschwister und ich (ein Bruder und zwei Schwestern), die Freiheit unserer geräumigen Wohnung und des weitläufigen Gartens. Der Teich, auf dem unsere selbst gebauten Schiffchen schwammen, der Affenbaum, auf dem es sich so herrlich klettern ließ, die verwunschenen Ecken, die uns als Versteck dienten, das alles sollte mit einem Mal zu Ende sein.

An einem heißen Sommertag 1944 wurde dann noch unsere Schwester Hedwig geboren. Die Bombenangriffe auf Königsberg wurden von Tag zu Tag stärker. Am 26. und 27. August flog die Royal Air Force einen massiven Angriff mit 174 Bombern. Drei Tage später warfen die Engländer 480 Tonnen Bomben auf die Stadt. Immer öfter mussten wir in den mit Balken gestützten Keller flüchten. Vorher hatte ich jedes Mal meine Kleidungsstücke mit akribischer Genauigkeit so gelegt, dass ich in der Dunkelheit sofort das passende Teil fand. Königsberg brannte. Der Himmel glühte. Als wir die über der Stadt aufsteigenden Rauchwolken beobachteten, sagte jemand zu mir: »Da musst du nicht mehr nach Königsberg zur Schule fahren, die gibt es nicht mehr.« Ich freute mich nicht über ein Schulfrei. Es überfiel mich ein unheimlicher Schauer.

Am 1. September verließen wir Godrienen, mitten in der Nacht. Zuvor hatten Mutter und einige Helfer Kisten gepackt mit Gegenständen, an denen ihr Herz hing. Eine kleine antike Kommode wurde ebenfalls beladen und lieblos mit starken Nägeln zugenagelt. All diese Sachen erreichten ihren Bestimmungsort nie.

Mit dem Zug fuhren wir nach Königsberg. Auf dem Bahnhof begrüßte uns eine Militärkapelle mit dem Lied »Muss i denn, muss i denn aus dem Städele heraus.« Verabschiedet werden sollten die vielen, vielen Soldaten, die in den vollgestopften Zügen auf ihren Transport gen Osten zur Front warteten. Wir reisten weiter in einem überfüllten Zug nach Berlin zu Opa, der uns auf dem Bahnsteig erwartete. In Berlin konnten wir nicht bleiben. Von nun an reiste Opa mit uns. Unser Ziel war ein Gut in Jeserig. Vater hatte, bevor er wieder zur Front musste, Herrn Bröderich, den Besitzer des Gutes und Freund, gebeten, eine Bleibe für meine Mutter mit uns fünf Kindern und Opa zu finden. So wohnten wir ab jetzt im dortigen »Weberhäuschen«, besuchten aber oft meine Patentante Margot, die auf dem Gut als Hauswirtschafterin tätig war. Der Krieg verfolgte uns. Die Russen waren uns auf den Fersen, vor denen ich große Angst hatte. Täglich flogen Tiefflieger und Bomber über uns hinweg. Im neuen Jahr nahmen die Luftangriffe auf Berlin zu, ununterbrochen Bombenalarm, wir wurden aus der Schule nach Hause geschickt, setzten uns in die Gräben und beobachteten das Geschehen am Himmel.

Mutter schickte mich zum Bäcker, um Brot zu holen. Unterwegs sah ich eine Pappelallee in Richtung Groß Kreuz, einem Nachbarort, in nicht allzu großer Entfernung, die ich vorher noch nie gesehen hatte. Ich ging weiter, schaute mich aber immer wieder um. Plötzlich, wie durch Zauberhand, war sie verschwunden, die Pappelallee. Auf meinen aufgeregten Bericht hin erklärte der Bäcker, dass es Einschüsse der Russen gewesen seien, die die Erde so hoch spritzen ließen wie Bäume. Da holte ich kein Brot mehr, sondern lief zum Gut zu Tante Margot. Sie wusste von den nahenden Russen und flüsterte mir zu: »Kommt heute Nacht um vier, da geht es von hier aus los!« Im Weberhäuschen wurde geräumt und gepackt.

Hedwig kam in den Kinderwagen, ein großer Handwagen, der »Emil«, war voller Koffer und Beutel. In mondheller Nacht brachen wir auf in Richtung Gut. Opa schob das Fahrrad, Mutter den Kinderwagen. Mein Bruder und ich zogen den Emil. Auf dem Gutshof war alles in Bewegung. Zwei Ackerwagen, bespannt mit Pferden, warteten auf uns. Opa, wir, andere Kinder und Frauen durften auf einen Wagen, das Gepäck sollte nicht mit hinauf. Er war schon beladen mit Kartoffel- und Hafersäcken, Verpflegung für Mensch und Tier. Mutter band den Emil an unseren Pferdewagen.

Sie selbst fuhr mit dem Fahrrad hinter uns, passte auf, dass Emil in den sandigen Wegfurchen nicht umkippte, und erkundete hin und wieder den Weg. Oft hatte sie große Mühe vorwärtszukommen, hielt sich zum Ausruhen manchmal am Wagen fest und schlief ab und an vor Erschöpfung auf dem Fahrrad ein.

In Brandenburg angekommen, wollten wir die Havel überqueren, wurden von deutschen Soldaten aufgehalten. »Wo wollt ihr hin?« »Weiter und über die Elbe«, war unsere Antwort. »Dann aber ganz schnell!«.

Unsere drei Treckwagen fuhren im Eiltempo über die Brücke, unser Wagen war der letzte. Hinter uns flog die Brücke in die Luft. Nachts wurde gefahren, tagsüber pausierten wir. Tiefflieger waren ununterbrochen unterwegs und schossen auf alles, was sich bewegte.

Jeden Morgen mussten wir unseren Schlafplatz in Ordnung bringen, die Decken sorgfältig zusammenlegen und aufeinanderstapeln. Die Nacht war wieder kalt und unbequem gewesen. Es herrschte Platznot auf unserem Wagen. Hedwig musste gefüttert werden. Wir fanden sie nicht. Aufgeregt und verschreckt suchten wir alle nach ihr. Sie musste doch irgendwo im Wagen sein. Schließlich hatten wir sie entdeckt. Versteckt unter dem hohen Turm der Wolldecken lag Hedwig: dampfend, völlig verschwitzt und blass mit roten Flecken im Gesichtchen. Wir hatten sie beim Stapeln einfach übersehen.

Außer Hedwig gehörten noch einige Kleinkinder zu unserem Treck, die Milch brauchten. Tante Margot hatte einige Tage zuvor mit den Lebensmittelkarten aller Gutsbewohner einen Sack voll Zucker eingekauft. Während unserer Ruhepausen ging sie mit einer Tasse Zucker zu nahegelegenen Bauernhäusern und kam mit einem Kännchen Milch, oft auch angewärmt, zurück.

Irgendwann überrannte uns die englische Front. Wir rasteten in einem Dorf, saßen eng beieinander in der Sommerküche eines Bauernhauses, als ein Engländer erschien und nach deutschen versteckten Soldaten suchte. Meine fünfjährige Schwester begann zu weinen. Die Anspannung unter uns war riesengroß. Da holte der Engländer ein streichholzgroßes Päckchen aus der Hosentasche, gab es ihr und verschwand. Es war Zucker. Aber bevor sie davon naschen durfte, probierte meine Mutter. Es war nicht giftig. (Meine Schwester lebt heute noch!). Ich empfand es als sehr erleichternd, dass wir uns nun hinter einer Front und nicht mehr in einer Kampfzone befanden.

Um mobil zu bleiben, lenkte das englische Militär alle Trecks von den Hauptstraßen auf Sammelplätze. Wir kamen mit vielen Gespannen auf eine große, lehmige Wiese. Mitglieder einer der Familien fingen zwei freilaufende Pferde ein und fanden noch einen gummibereiften Militär-Pferdewagen. So gab es ein wenig mehr Platz auf den übrigen Wagen.

Nach einer ungemütlichen Nacht kamen wir in das Dorf Dersenow. In einer Scheune fanden wir Platz für uns, die Wagen und die Pferde. Zum Essen saßen wir Kinder auf den Deichseln; fanden wir etwas in unserem Mund, was wir nicht hinunterschlucken konnten, spuckten wir es möglichst rekordverdächtig weit in die Gegend. Es war erstaunlich, wie schnell sich unser Verhalten von einer guten Kinderstube den vorhandenen Umständen anpasste.

Wir hörten, dass Engländer und Amerikaner sich bis zur Elbe zurückzögen und Mecklenburg eine russische Besatzung bekäme. Alle waren in großer Angst und Sorge. Den Trecks war es verboten, auf den Straßen weiterzuziehen. Trotzdem machten wir uns in einer Nacht- und Nebelaktion auf die Flucht in Richtung Elbe. Wir benutzten verborgene Waldwege. An einer Waldkreuzung machten wir einen Halt. Zwei Mitglieder unseres Trecks radelten vor, um Weg und Lage zu erkunden. Plötzlich erschien ein Auto mit zwei ehemaligen deutschen Kriegsgefangenen. Sie forderten uns auf alle Fahrräder abzugeben. Als eine Mutter darum bat, sie uns zu lassen, hielt einer der Männer ihr eine blanke silberfarbene Pistole vor das Gesicht, der andere band die Fahrräder los, lud sie auf das Auto. Dann braussten sie los. Schon wieder erschien ein Auto. Diesmal waren es Engländer. Aufgeregt erzählten wir ihnen, was gerade passiert war. Sofort machten sie kehrt. Nach kurzer Zeit erschienen sie wieder mit unseren Rädern, und auch die Pistole hatten sie konfisziert. Unsere Weg-Kundschafter waren zurückgekehrt, waren entsetzt über das, was wir ihnen erzählten, und machten uns Vorhaltungen. Was würde geschehen, wenn die Ausländer zurückkämen und sich an uns rächten? In Windeseile brachen wir auf und folgten dem neu erkundeten Weg.

Wir hatten die Elbe erreicht, wurden aber an keiner Stelle auf die andere Seite gelassen. So irrten wir von Station zu Station, von Brücke zu Brücke, von Fähre zu Fähre. Vergeblich. Wir kamen bei Lauenburg an den Elbe-Lübeck-Kanal. Auch hier ließ uns niemand hinüber, bis meine Mutter als Vorhut mit ihrem Rad in das Dorf Berkenthin kam. Sie berichtete den englischen Soldaten, dass wir auf dem 4 km entfernten Gut Groß-Weeden schon erwartet würden. Das Gut gehöre ihrer Patentante. Der Soldat glaubte ihr und wollte helfen, sagte aber, dass er in 45 Minuten abgelöst würde und nicht wisse, wie dann der diensthabende Kamerad entscheiden würde. Atemlos kam meine Mutter zurück, gerade noch rechtzeitig erreichten wir die Brücke und konnten passieren. Uns allen fiel ein großer Stein vom Herzen, bis hierher würde die russische Besatzung nicht reichen, wir waren in Sicherheit.

In Groß-Weeden erwartete uns eine große Enttäuschung. Zwei Tage vorher war ein Treck mit 150 Menschen gelandet. Alle Heu- und Stroh-vorratslager über den Pferde-, Schweine- und Kuhställen waren belegt. Wir blieben eine Nacht über auf unseren Wagen. Wir vier Geschwister durften bei Tante Emma einmal in die Badewanne. Mein Bruder hatte eine Blutvergiftung, die sich mit einem breiten roten Streifen vom Unter- bis zum Oberschenkel bemerkbar machte.

Am nächsten Tag kamen wir nach Eutin. Dort wurde der Treck aufge-löst. Jede Familie schickte Kundschafter aus, um ein Quartier oder eine Unterkunft für längere Zeit zu finden. Eine Cousine meiner Mutter hatte in Eutin ein kleines Häuschen. In jedem Zimmer wohnte eine Familie. Aber auf dem Dachboden konnte für vier von uns Platz für je eine Ma-tratze geräumt werden. Mutter fand mit Hedwig im Keller ein Eckchen.

Eines Tages sagte jemand: »Der Krieg ist aus.« Das bewegte mich we-nig. Für mich war er aus, als wir den Granaten entkommen waren, als wir aus dem Kampfgebiet hinter der Front kamen, als wir vor der rus-sischen Besatzung in Sicherheit waren.

Josef, 14 Jahre

Bis Ende 1944 verlebte ich eine relativ ruhige Kindheit. Vater besaß in Budapest ein Fuhrunternehmen mit Pferdegespann. In der Woche sah ich ihn wenig. Doch an den Wochenenden half ich ihm oft, die Pferde zu versorgen. Diese Zeit änderte sich schlagartig, als die Schließung des Belagerungsringes um Budapest begann. Stuhlweißenburg war in russische Hände geraten.

Kurz darauf griff die Front der Roten Armee Zsambek, meinen Heimatort, an. Die Russen hatten die Deutschen zurückgedrängt und die Donau erreicht, 30 km nordöstlich von Budapest. Jetzt war unsere Hauptstadt eingekesselt.

Weihnachten erlebten wir in Angst und Schrecken. Am Heiligen Abend hatten die Russen Zsambek besetzt. Eine Weihnachtsgans gab es nicht. Die Russen hatten großen Hunger und uns bald alles Essbare abgenommen. In kurzer Zeit waren alle Ställe geplündert. Nirgends mehr waren ein Schwein, eine Kuh, Schafe, Ziegen oder Federvieh zu finden. Wir mussten uns von dem ernähren, was die Erwachsenen versteckt oder im Boden vergraben hatten. Mutter, Oma und ihre Schwester lebten ständig in Angst und Schrecken. Viele Frauen wurden zum Schanzengraben in die Felder verschleppt. 150 Tote gab es während des Angriffs in unserem Ort.

Am 5. Januar 1945 war ich mit Vater im Hof, um die Pferde zu füttern und zu striegeln. Vor dem Nachbarhaus stand ein russischer Panzer. Ich erschrak fürchterlich, als plötzlich ein deutscher Bomber auftauchte, das Brummen und Dröhnen kam immer näher. Vater und ich flüchteten in den Keller, die übrige Familie war schon dort. Die Erde bebte, das Haus wurde erschüttert. Eine Bombe hatte die Vorderfront unseres Hauses weggerissen. Die Kellerdecke hatte gehalten.

Im Jahr 1946 kam die Schreckensnachricht, wir Donauschwaben werden aus Ungarn vertrieben, müssen umsiedeln nach Deutschland. Am Gemeindehaus hing ein Plakat mit den Namen aller Personen, die ihre Heimat verlassen mussten. Wir waren auch dabei. Und plötzlich fiel mir ein Tag im Jahr 1941 ein, an dem Mutter zur Volkszählung in Zsambek gewesen war. Sie wurde nach unserer gebräuchlichen Sprache gefragt. Zu Hause fragte ich, welche Sprache sie angegeben hätte: Deutsch oder Ungarisch. Sie sagte: »Unsere Muttersprache Deutsch natürlich.«

Dann kam der 5. April 1946. Unsere Säcke waren gepackt, 20 kg pro Person inklusive Verpflegung. Mutter hatte vorgesorgt, Schweinefleisch gekocht und dieses zwischen Schmalz in Töpfen geschichtet, damit es länger hielt. So mussten wir wenigstens nicht hungern. Die anderen Sachen waren Wertgegenstände und Haushaltssachen. Besonders wichtig für Mutter war Bettwäsche.

Da standen wir vor unserem Haus, mussten Abschied nehmen von allem, was uns lieb und wert war, von unseren ungarischen Freunden, die keinesfalls wollten, dass wir gehen. Die Ursache der Vertreibung kam nicht durch das ungarische Volk, sondern durch das Abkommen der drei Siegermächte in Potsdam 1945.

Wir warteten auf das Fuhrwerk, welches uns zu dem in der Nähe gelegenen Bahnhof bringen sollte, meine Eltern, meine jüngere Schwester, mein kleiner Bruder, Oma und ihre Schwester.

In Herceghalom stand ein Güterzug bereit. Im Zug waren etwa 1.000 Menschen untergebracht, alle in Viehwaggons mit jeweils 30 Personen. 10 Tage waren wir unterwegs. Während eines Halts wurde ein verstorbener Mann aus dem Waggon getragen, neben das Gleis gelegt und mit einem Tuch zugedeckt. Der Zug fuhr weiter.

In Stuhlweißenburg stieg Vater plötzlich aus, versetzte uns in Angst und Schrecken. Jemand sagte: »Den seht ihr niemals wieder.« Vater fuhr zurück nach Budapest. Seine Pferde hatten ihm keine Ruhe gelassen. Durch den plötzlichen Aufbruch hatte er sich nicht mehr um einen Verbleib für sie kümmern können. Er verkaufte sie in gute Hände. Abends war unsere Familie wieder vollzählig, welch ein Glück.

In Bayern angekommen, wurden wir entlaust. Unser Kopf wurde eingenebelt mit einem schrecklichen Pulver (DDT). Dann landeten wir in unserer neuen Heimat, wurden zunächst in Durchgangslager aufgeteilt, bis wir unsere endgültige Bleibe bei einer sehr lieben Familie in Atzbach fanden. Von den Dorfbewohnern wurden wir misstrauisch beäugt, zum Teil mit Beschimpfungen begrüßt, z. B.: »Die ungarischen Zigeuner kommen.«

Doch bald lebten wir uns ein, fanden einheimische Freunde und waren froh, ein neues Zuhause zu haben. Nur mein kleiner Bruder, fünfjährig, war nicht zu bewegen, mit anderen Kindern auf der Straße zu spielen. Traumatisiert saß er am Fenster und schaute immer nur hinaus.

ANNE, 6 JAHRE

1943 nahm die Bombardierung auf Wien immer mehr zu. Darum hatten meine Eltern beschlossen, auf das Land, in die Nähe der deutschen Grenze, nach Linz auf einen Bauernhof zu ziehen. Dieser lag in der Schärdinger Gegend.

Meine Mutter mit 5 Kindern im Alter von 5 bis 10 Jahren hatte, wie so viele Mütter in jener Zeit, die Hauptlast, uns alle heil durch den Krieg zu bekommen. 1944 kam Nachwuchs, wir hatten noch einen kleinen Bruder bekommen und waren nun zu sechst.

Und dann kam am 8. Mai 1945 die Nachricht, alle Reichsdeutschen müssten innerhalb 48 Stunden Österreich verlassen, um nach Deutschland zurückzukehren. Diese Nachricht versetzte Mutter in große Aufregung. Wir Kinder verstanden nicht, warum wir flüchten mussten und was Reichsdeutsche bedeutet.

So zog Mutter los mit Rucksack, Säugling im Arm und uns Kindern. Warm angezogen hielten wir uns alle an den Händen, damit wir uns nicht verloren. Nur mein kleinerer Bruder hatte in aller Eile einen viel zu dünnen Mantel erwischt. Er fror fürchterlich. Wie meine Mutter ein Fuhrwerk, das bereits voll besetzt war mit Reichsdeutschen, hat auftreiben können, weiß ich nicht, habe sie leider nie gefragt. Wir mussten, ehe es losging, noch über eine eiserne Eisenbahnbrücke klettern, und meine Mutter rief immer wieder: »Seid vorsichtig, schaut nicht hinunter.« Wir klammerten uns aneinander und erreichten wohlbehalten die andere Seite.

Unser Ziel war der Passauer Bahnhof. Dort drängten sich die Flüchtlinge, die Bahnhofshalle war übervoll und sehr heiß. Zur Abkühlung rannten wir Kinder immer wieder nach draußen in die Kälte, bis ein endlos langer Zug mit Viehwaggons einfuhr. In jedem Waggon lagen verletzte Soldaten, zu denen alle Personen aus der Bahnhofshalle zusätzlich noch hineingepresst wurden.

Irgendwann, es war früher Morgen, hielt der Zug in Regensburg und alle mussten aussteigen. Wir kamen in ein Flüchtlingslager. Vorher hatte Mutter Kontakt zu einer Freundin aufgenommen, die ein Haus in Regensburg hatte. Doch dort konnten wir nicht unterkommen, weil zuerst die Russen das Haus verwüstet und anschließend die Amerikaner das Haus besetzt hatten. So landeten wir im Flüchtlingslager, welches sich in der »Von der Tann-Schule« befand.

Circa 50 Flüchtlinge kamen jeweils in ein Klassenzimmer. Dort wurden wir gegen diverse Krankheiten geimpft, und ich erinnere, dass der Arzt die Impfnadel immer wieder durch die Flamme eines Bunsenbrenners zog. Gegen eines der Seren reagierte ich wohl allergisch, wurde ohnmächtig, fiel auf den Boden, was für einen kleinen Aufruhr sorgte. Anschließend wurden unsere Haare mit einer großen Spritze aus Pappe (ca. 40 cm lang) mit weißem Pulver bepudert (DDT), auch in unsere Kleider wurde es gepustet, um eventuell vorhandenes Ungeziefer zu vernichten. Die Männer mussten ihre Hosen öffnen, was wir sehr lustig fanden, weil das DDT-Pulver unten an den Hosenbeinen wieder herausstaubte.

Niemand durfte das Lager verlassen, nur zweimal am Tag war ein Toilettengang erlaubt. Das Klo war eine ausgehobene Grube mit einem Dach darüber. Kontrolliert wurde unsere Sitzung von einer bewaffneten Wache.

Zum Glück dauerte der Aufenthalt im Lager nicht allzu lange. Auf Befehl der Amerikaner mussten alle deutschen Hausbesitzer 1 bis 2 Zimmer für die Flüchtenden bereitstellen.

Wir zogen auf einen Bauernhof in der Nähe von Dinkelsbühl in zwei Zimmer, Mutter mit uns sechs Kindern. Mitbewohner hatten wir auch, Mäuse überall. In dieser Nacht fiel der erste Schnee.

Hatten wir gehofft, auf einem Bauernhof in Deutschland gäbe es mehr Nahrung, wir wurden enttäuscht, der Hunger quälte uns weiterhin. Die Bauern hatten ebenfalls wenig zu essen, und von dem bisschen wollten sie nichts hergeben. So zogen meine Geschwister und ich los und sammelten alles, was wir finden konnten. Aus Kartoffelschalen, die wir vom Mist holten, kochte Mutter Suppe, einen Maiskolben, den ich fand, konnte sie nicht verwerten. Die Körner waren zu hart.

Eine reife Tomate machte mich zur Strauchdiebin. Ich langte mit meiner Hand durch den Maschenzaun, um sie zu pflücken, fuhr erschreckt zurück, als eine Frau rief: »Was machst du da!« »Sie ist für meinen kleinen Bruder.« Die Frau pflückte sie, schnitt die Tomate durch und gab mir die Hälfte. Ich musste sie essen. Meine Enttäuschung war groß.

Als mir eine lahme Taube über den Weg lief, fing ich sie ein, trug sie zu der Bäuerin in die Scheune und bat sie, sie zu töten. Die Taube tat mir leid, aber ich dachte nur an Mutter. Ich wollte ihr eine Freude machen.

Eine Ente hatte am Dorfweiher ein Nest gebaut und Eier gelegt. In einem unbewachten Moment stahl ich ihr zwei. Stolz lieferte ich die Eier zu Hause ab. Meine Mutter kochte sie eine halbe Stunde lang. Ob wir sie gegessen haben, weiß ich nicht mehr, vielleicht waren sie schon angebrütet.

Die meiste Zeit verbrachten wir im Freien. Unser großer Bruder war unser Beschützer. Er kümmerte sich liebevoll um unseren kleinsten Bruder. Wenn wieder einmal ein Fliegerangriff der Engländer erfolgte, schob er geschwind den Kinderwagen unter einen Apfelbaum, ein untrügliches Zeichen, dass auch wir uns in Sicherheit bringen mussten. Anschließend sammelte er Patronenhülsen, zeigte sie unserer Mutter mit den Worten »So viele Patronenhülsen und keine hat uns getroffen«.

Meinem kleinsten Bruder, der erst 1 Jahr alt war, ging es nicht gut. Eine Pfarrersfamilie, die uns in Regensburg zu einem Abendessen eingeladen hatte (mit Erlaubnis), kümmerte sich um ihn und brachte ihn in ein Krankenhaus.

Am 31. Dezember 1945 hatte Mutter eine Besuchserlaubnis bekommen. Meine Schwester und ich durften sie begleiten. Wir freuten uns darauf, unseren kleinen Bruder zu sehen., denn er war unser aller Sonnenschein.

Kurz nachdem unsere Mutter das Krankenzimmer betreten hatte, kam sie weinend wieder zurück. Eine Nonne folgte ihr und sagte laut: »Ihr Sohn ist heute Nacht gestorben, Sie können ihn sich unten in der Garage noch einmal ansehen.« Wir begriffen nicht, was geschehen war. Inmitten anderer toter Kinder lag unser kleiner Liebling aufgebahrt. Von diesem Moment an beschlossen meine Schwester und ich, nicht mehr zum lieben Gott zu beten.

Quellenangaben Fotos

Umschlag Stadtarchiv Gießen ein herzliches Dankeschön all denen, die mich mit Tat und Rat bei der Herstellung meines Buches unterstützten, um unwiederbringliche Zeitzeugenberichte zu bewahren und nicht der Vergessenheit preiszugeben.

Seite 14 Fundsache, Eigentümer konnte nicht ermittelt werden

Seite 16 Fundsache, Eigentümer konnte nicht ermittelt werden

Seite 17 Fundsache, Eigentümer konnte nicht ermittelt werden

Seite 24 Fundsache, Eigentümer konnte nicht ermittelt werden

Seite 26 Fundsache, Eigentümer konnte nicht ermittelt werden

Seite 35 Fundsache, Eigentümer konnte nicht ermittelt werden

Seite 37 Fotofreunde Lahnau e. V

Seite 38 Fundsache, Eigentümer konnte nicht ermittelt werden

Seite 39 Fundsache, Eigentümer konnte nicht ermittelt werden

Seite 41 Dr. Provan, Kelkheim

Seite 42 Stadtarchiv Gießen

Seite 44 Dr. Provan, Kelkheim

Seite 45 Fotofreunde Lahnau e. V.

Seite 48 Stadtarchiv Wetzlar

Seite 49 Fotofreunde Lahnau e. V.

Seite 52 Fotofreunde Lahnau e. V.

Seite 53 Stadtarchiv Wetzlar

Seite 57 Fotofreunde Lahnau e. V.

Seite 59 Stadtarchiv Gießen

Seite 60 Stadtarchiv Gießen

Seite 62 Dr. Provan, Kelkheim

Seite 69 Fotofreunde Lahnau e. V.

Seite 71 Dr. Provan, Kelkheim